Mario Raffaello Germinario

Le antinomie dell'estetica

Mario Raffaello Germinario

Le antinomie dell'estetica

Metafisica dell'Estetica

Edizioni Sant'Antonio

Imprint

Cover image: www.ingimage.com

Publisher:
Edizioni Accademiche Italiane
is a trademark of
International Book Market Service Ltd., member of OmniScriptum Publishing Group
17 Meldrum Street, Beau Bassin 71504, Mauritius

Printed at: see last page
ISBN: 978-613-8-39082-4

P. Mario Germinario

LE ANTINOMIE DELL'ESTETICA

Dedicato a tutte quelle persone

che dall'Arte e dalla la Bellezza

trassero ispirazione ad essere giuste

INTRODUZIONE

Dopo duemila anni, la scienza dell'estetica vaga ancora incerta. Così come incerto e vagante è il pensiero filosofico contemporaneo: dalla logica al valore del discorrere, dall'etica alla epistemologia, dalla verità della scienza alla certezza del diritto naturale, dall'antropologia filosofica alla stessa teologia.

Il Pensiero debole[1], così definitosi nella dichiarazione di non avere più forza per edificare, dopo essersi dimostrato forte nella demolizione, dimostra anche di essere povero. E tuttavia, pur debole e povero, non pare che stia per concludere il suo decorso, perché sempre più informato di nichilismo, del quale ne accetta le premesse e le conclusioni.

La metafisica, nella quale il tema estetico ha avuto inizio, e nella quale avrebbe potuto avere compimento, continua a ricevere il rifiuto di molti, anche per la inevitabile difficoltà di intenderla in un genere di pensiero che metafisico non sa essere e che alla metafisicanon intende riferirsi.

Tuttavia, nel deserto della riflessione estetica, non si riesce a vedere altra scia orientativa che quella lasciata dalle ceneri di quella metafisica negletta e rifiutata. Si annota come indietro non si può più tornare, e pertanto il richiamo ad un ritorno della metafisica è ritenuto insignificante. Ma se questo è vero, non si vede come il pensiero estetico possa liberarsi da quella "debolezza" che si ritiene essere lo stato cronico del pensiero contemporaneo in quanto tale. E perciò ha ragione Adorno nel ritenere che ormai l'estetica ha sperimentato la liturgia finale delle sue esequie.

Sull'estetica, le filosofie contemporanee dicono poco. Quel poco che dicono, lo dicono citandosi e ripetendosi. Il pensiero debole[2], ovviamente, ritiene che in siffatto stato di debolezza le è conveniente restare. L'alveo del nichilismo, in cui la ragione è depositata, non gli consente di costituirsi nella fiducia che verità assolute e principi immutabili abbiano la garanzia di una incontestabile fondazione. E perciò il pensiero filosofico contemporaneo si esercita più per investigare che per pervenire a capo di verità, più per provocare dubbi che per suffragare certezze, più per dimostrare la sua rinuncia alla verità assoluta, che per convenire sulla definitività dei principi.

Posta in crisi la verità[3], è tornata di moda la sofistica. In molti si è nobilitato il fraseggio. Lo stesso pensiero debole si ritiene tanto più nobile e profondo, quanto più si fa complicato ed ermetico. Talmente che, ad una ragionevole critica portata su di esso, abbia sempre modo di rimbrottare chi lo contraddice, che capire non lo si può, se non immessi in quella condizione di pensiero, in cui esso stesso si forma.

Il rifiuto di un siffatto modo di approccio alla filosofia non nasce in noi per non averlo conosciuto, approfondito e compreso. Sorge in noi dallo stesso fastidio che mostra l'antimetafisico, miscredendo la metafisica o semplicemente denunciandola. E' la stessa sapienza della filosofia che ci impedisce di essere comprensivi verso chi, avendo cercato per un lungo corso di tempo, avverte di essersi vieppiù allontanato dall'oggetto cercato, del quale avverte anche di starne perdendo la memoria.

La necessità del ritorno alla metafisica ovviamente rivisitata non nasce, anche per quanto concerne l'estetica, dalla nostalgia dei tempi che furono e che più non ritornano. Il ritorno alla "cultura metafisica" nasce invece dal dissapore e dal fastidio che genera il compiacimento di chi non vuole approdare a nulla e, da quel nulla approdato, sempre nuovamente ripartire, sapendo che, comunque, quel nulla è l'unico nutrimento di cui il pensiero può nutrirsi.

E' opportuno che ci si incominci ad irritare per l'arroganza che si mostra rispetto al pensiero antico, rifiutato solo perché antico. Salvo poi a riesumarlo come inevitabile, ogni qualvolta si voglia procedere al racconto della storia del pensiero in quanto tale. Ed è precisamente ciò che avviene in quegli storici dell'estetica, ogni volta che si accingono a tessere l'evoluzione dei concetti estetici di arte e di bellezza.

Mentre si ritiene, con arrogante sufficienza, che intere epoche, quali sono l'epoca greca e quella medioevale, debbano essere denunciate come pre-filosofiche, le includono poi nelle loro storie della filosofia,sia anche per convincere se stessi della necessità di doverle rifiutare. Così come avviene in molti storici dell'estetica, sempre meno storici e sempre più teoreti. I quali, dovendo negare che tali epoche antiche abbiano mai avuto un'estetica, si attardano poi a riconsiderarle nella storia delle estetiche, dedicando loro più pagine di quante non se ne dedicano ai tempi nei quali si sostiene che la scienza estetica sia nata e poi cresciuta.

Il risultato di tale involuzione di pensiero è che, avendo rifiutato l'approccio metafisico, l'estetica vive oggi il vagabondaggio dei suoi approdi. Sapendo di avere rifiutato la consistenza del punto di partenza, vaga nomade nella persuasione che non ci si possa fidare neppure di un punto di approdo per meditare su pochi elementi di certezza.

Il risultato è nella stessa storia dell'estetica. Niente è definito. Di nulla si è certi. Di tutto si dubita. Quello che si riteneva acquisito è stato decisamente e definitivamente rifiutato.

Non si tratta di verità estetiche marginali. Si tratta di certezze fondamentali. Quali la possibilità stessa di una scienza dell'estetica e della possibilità che i termini in cui si compone, il bello e l'arte, possano avere una propria definizione. L'estetica non si sa cosa sia, l'arte è posta in discussione nella sua finalità, la bellezza non ha più un concetto in cui definirsi, e le antinomie, che da sempre hanno informato la questione estetica, ora giacciono nel deposito delle questioni irrisolte, di cui non si tenta più un possibile avvio di soluzione.

Dov'è allora il limite che ha originato tanta confusione ed incertezze?

Si dice che sia nella natura stessa dell'estetica che, in quanto scienza teoretica, sottostà al principio della dialettica, che è uno stato permanente del pensiero sempre in divenire.

Noi riteniamo invece che non si tratta di un difetto della ragione di pervenire a delle verità immutabili o a dei principi assoluti. Noi riteniamo che, come nelle altre discipline teoretiche della filosofia contemporanea, sempre più compiacente con il presupposto nichilista, ci si esercita in una ragione deviata. Una volta dai sistemi ideologici, oggi dal pensiero debole.

All'origine, anche per quel che concerne la questione estetica, vi è l'abbandono della metafisica e il rifiuto del concetto. E perciò la questione estetica vaga incerta e si fa nomade, privata anche della speranza che, in un futuro prossimo, il pensiero ritrovi la sua saggezza. Fino a quando la ragione filosofica non sarà se stessa, cioè scienza teoretica che, mentre persegue la via della verità, è certa di doverla trovare, l'estetica continuerà a vivere nella luce crepuscolare di un tramonto, che annuncia il proprio declino.

L'arte e la bellezza devono ritrovare uno statuto autonomo da ogni sorta di dipendenza, compresa quella che impongono le varie teorie filosofiche. L'arte e la bellezza possiedono una propria definizione concettuale che le ha rese intelligibili fin dalle origini. E' infatti peculiarità dell'astrazione di elaborarsi in un metodo conoscitivo che nulla deve a sistemi e teorie filosofici. Il processo di astrazione, mediante il quale si perviene al concetto, è infatti un metodo di conoscenza già collaudato e che ha consentito che, dell'arte e della bellezza, si parlasse con costrutto fino ai nostri tempi. Riteniamo che sia l'unico metodo di conoscenza, mediante il quale è possibile pervenire ad una definizione concettuale che non sia debitrice ad alcun sistema o teoria. Ma se si continuerà a ritenere che l'estetica, con le categorie del bello e dell'arte di cui è costituita, sono ciò che i sistemi e teorie filosofiche le stabiliscono di essere, non si verrà mai a capo di alcuna soluzione. E le antinomie non solo si riproporranno, ma andranno sempre più ad aumentare la serie numerica di quante ancora devastano il campo dell'estetica.

Ci accingiamo perciò a riflettere sulle antinomie che investono in genere il tema estetico. Ma nella persuasione che le antinomie sorgono sempre dalla incomprensione dei termini del problema. Ricordiamo ciò che affermava Croce, in uno dei tanti suoi momenti sapienziali. E cioè che ogni problema resta tale fino a quando non lo si è bene impostato nei suoi termini. Ma, bene impostato, esso ha già la chiave della sua soluzione.

I ANTINOMIA :

IL BELLO E L'ARTE: LE "TEORIE" ADULTERANO LA "DEFINIZI0NE" [4]

Diciamo "Definizione" ciò che di una realtà esprime il concetto. Si tratta di una definizione concettuale, perché ciò che definisce è un concetto. Ci sono infatti delle definizioni che riguardano non concetti ma realtà singole e concrete. Esse si esprimono in termini descrittivi.

Qui trattiamo della definizione che è proprio di un concetto e che si formula in termini di genere che viene definito e differenza che definisce. Diamo una definizione, e perciò esprimiamo il concetto, quando diciamo, per esempio, che Il bello è ciò che piace, di piacere estetico, nella sua apprensione.

Diciamo invece "Teoria " quel sistema di pensiero o quella elaborazione sistematica di dottrine che, nella elaborazione del concetto puro, interviene condizionandone i termini definitori.

Se, infatti, diciamo che il bello è ciò che piace nella sua stessa apprensione", noi esprimiamo il puro concetto del bello.

Se invece diciamo che il bello è ciò che piace perché contiene ordine, proporzione, chiarezza e luminosità, tale definizione non esprime un concetto puro, ma è un concetto derivato da una particolare teoria filosofica estetica che condiziona i termini definitori della bellezza come concetto, perché ne allarga la comprensione dei termini, e perciò ne restringe la estensione del suo riferimento.

Il concetto è frutto dell'astrazione dell'intelletto. Il quale, astraendo appunto una cosa singola che appare bella, ne trae il concetto universale. Un concetto perciò, talmente universale, che in esso possano trovarsi tutte le cose belle, che in quel concetto si trovano definite. Infatti è nella natura stessa del concetto la possibilità di potersi riferire ad ogni cosa bella, sia che si tratti della bellezza naturale che di quella artistica, sia della pittura che della narrativa o della poesia, sia che si tratti dell'arte antica che di quella romantica o contemporanea, sia appartenga ad un autore espressionista che ad un autore impressionista. Non sarebbe tale, cioè non sarebbe concetto, una definizione della bellezza che non si potesse estendere a tutti gli oggetti che la esperienza avverte come dispositivi del godimento estetico.

Abbiamo accennato alla definizione concettuale del bello dato da Tommaso d'Aquino: "Pulchrum dicatur id cuius apprehensio placet".

In tale definizione il concetto di bellezza è espresso nella sua minima comprensione dei termini definitori. Ma, in tale minimacomprensione dei termini, si rende possibile la sua capacità di avere la massima possibilità di riferirsi a qualsiasi cosa bella. Se, per esempio, a tale minima comprensione dei termini definitori, si aggiungono altri termini che ne ristringono la possibilità di riferirsi ad ogni cosa bella, il concetto non è più puro, ma lo si ritiene adulterato perché lo si priva della sua capacità di riferire in sé ogni forma di bellezza.

La nostra tesi è che l'antinomia che rileviamo, fra "definizione e teoria", sta nel fatto che il concetto della bellezza non ha mai potuto godere della sua assoluta autonomia. Il concetto della bellezza, che Socrate chiedeva come condizione necessaria perché si potesse parlare delle cose belle, non è mai restato in una pura definizione concettuale. Il concetto di bellezza, che avrebbe dovuto tenersi in una minima comprensione dei termini definitori, per poter avere una sua massima possibilità di riferirsi a qualsiasi tipo di bellezza, in effetti è stato sin dalle origini adulterato dalle varie Teorie filosofiche, che del concetto si sono appropriati, spiegandolo e definendolo nel sistema filosofico nel quale il concetto stesso era considerato. Questo avvenne già con i sofisti, i quali, pur ritenendo che bello dovesse ritenere ciò che piace, poi aggiunsero, allargando la comprensione dei termini definitori in ragione della loro teoria sensista, che, ciò che piace, doveva piacere necessariamente ai sensi dell'udito e della vista.

Si tratta del primo esempio dell'adulterazione operata da una Teoria della bellezza.

Una Teoria estetica, che solitamente è elaborata in una concezione sistematica della filosofia, condiziona sempre la determinazione del concetto puro della bellezza. Ogni Teoria adultera il concetto, perché lo investe di determinazioni, tali che il concetto stesso finisce per perdere la sua connotazione autonoma di termine universale.

Emblematico è quanto notiamo nella definizione aristotelica della bellezza. Per Aristotele, bello non solo è ciò che piace. Egli aggiunge che per piacere esso debba esprimersi nelle categorie dell'ordine, della proporzione e del definito. Ma aggiungendo la categoria dell'ordine, della proporzione e del definito, il concetto ha subito un'alterazione abusiva. Infatti, mediante tali aggiunte, il concetto ha dovuto restringere la sua capacità di riferimento ad ogni altro tipo di bellezza che non fosse quella che prevede l'ordine e la proporzione delle parti. Ma in tale impostazione ideologica, si esclude che belle possano essere altre realtà semplici, quali la luce, l'anima, la giustizia e simili, che, proprio perché realtà semplici, non hanno composizione alcuna nella loro costituzione.

Emblematica è anche la teoria estetica imposta dal Croce. Il quale, avendo pensato lo Spirito che vive nella conoscenza del particolare e dell'universale, conclude che il bello vive nell'ambito della espressione del particolare e che ogni espressione si trova ad essere di indole estetica. Così quando si conclude che, in base ad una concezione idealistica dello Spirito, bello è solo ciò che è prodotto dell'uomo, escludendo che la bellezza possa essere una proprietà delle cose che sperimentiamo nella natura. Si tratta di elaborazioni teoretiche che ci avvertono di quanta violenza le Teorie estetiche hanno esercitato sul Concetto filosofico della bellezza, privandolo di autonomia e universalità.

ESTETICA DI SOCRATE TRA TEORIA E DEFINIZIONE

Socrate è "il filosofo". Non soltanto perché del filosofare ha introdotto il metodo più puro ed originale, ma anche per la sua personale testimonianza di vita che gli rende merito di definirsi, oltre che filosofo, "sapiente".

Per quanto concerne il metodo d'indagine filosofica, è rilevante quanto dice Aristotele circa l'attribuzione a Socrate del metodo induttivo e della scoperta della definizione universale[5]. Aristotele testimonia che se egli si occupò di filosofia, lo fece per chiarire le questioni etiche: Socrate si occupò del miglioramento del carattere e, in relazione a questo, fu il primo a sollevare il problema delle definizioni universali [6].

Nel nostro caso interessa poco sapere la verità circa la connotazione del pensiero personale di Socrate, se fu soltanto un maestro di etica, come è ritenuto da Senofonte, se fu un metafisico del più alto livello che pose i fondamenti della filosofia trascendente, come afferma Platone, oppure, come vuole Aristotele, è da ritenersi un filosofo vero, un teoreta che però non insegnò mai la dottrina delle Forme platoniche. A noi interessa ciò che è poi nell'attestazione di Senofonte, e cioè che Socrate scoprì "il concetto" e lo elevò alla più nobile ed efficace struttura del pensiero logico.

In tre opere platoniche è affrontato il problema della bellezza: Ippia I, Il Simposio, Filebo. In tutti e tre i dialoghi, la presenza e gli interventi di Socrate sono predominanti e risolutivi.

Ritenendo con molti studiosi del pensiero platonico che il Simposio, del periodo della maturità, e il Filebo, della vecchiaia, siano opere composte quando il pensiero di Platone si è già reso autonomo da quello di Socrate, esamineremo l'Ippia I, uno dei dialoghi socratici, perché riteniamo che lì il pensiero di Socrate sembra essere originale e proprio, ed anche perché il problema della definizione della bellezza è il tema del dialogo stesso.

L'Ippia I è tutto inteso a lumeggiare la figura del maestro Socrate. Il quale è contrapposto ad uno dei maestri sofisti, di nome Ippia. Questi si dimostra subito incapace di comprendere l'istanza presentata da Socrate di voler pervenire ad una definizione della bellezza, perché delle singole cose belle non si parli poi senza costrutto.

E' uno dei dialoghi in cui l'ironia socratica, normalmente rispettosa e bonaria, diventa sarcastica ed in cero senso infastidita.

Non si deve dimenticare che Ippia, con la sua cultura mal digerita, con la sua petulanza, con la sua presuntuosa leggerezza, per la quale si vantava di saper tutto, dalle scienze più astruse alle arti più umili, così severo con sé stesso e con gli altri, così avido di penetrare a fondo ogni ricerca, assillato come era dalla sua irrequieta coscienza filosofica, che in questo dialogo è acutamente adombrata nella persona di quel suo prossimo congiunto, che non gli dà tregua con le sue continue domande. Un uomo, come Ippia. se poteva imporsi a un pubblico incolto e superficiale, per Socrate non poteva essere che un personaggio essenzialmente ridicolo [7].

Lo spunto è il discorso sulle belle occupazioni dei giovani, che Ippia dice di dover tenere ad Atene. Per l'avvenimento egli rivolge un insistente invito di partecipazione a Socrate. Socrate accetta l'invito, ma a sua volta si introduce con il domandare a Ippia di aiutarlo a recuperare delle idee con le quali egli possa rispondere ad un tale che gli aveva posto la domanda su cosa fosse il bello.

Si può notare come la prima domanda della storia della filosofia sulla bellezza è già formulata nella sua compiutezza tematica: si tratta del bello in sé e della sua definizione, cioè si domanda cosa è il bello.

Evidentemente per Socrate è una domanda non solo pregiudiziale, ma anche fondamentale. E' posta nella persuasione che del bello non si può discutere se non se ne possiede la definizione concettuale. Siamo ovviamente al di là delle domande generate dallo stupore e meraviglia dei primi filosofi cosmologi. Il problema estetico si affaccia come problema dell'uomo che cerca spiegazioni a dei fenomeni che sorgono all'interno della coscienza. Non è il tentativo volto alla ricerca dell'arché, di un principio esplicativo della totalità portata verso il fenomeno della varietà e molteplicità delle cose. Il problema è dunque logico e non cosmologico.

La logica formale troverà la sua compiutezza in Aristotele, ma è indubitabile che la scoperta del concetto e dell'universale di Socrate resta la pietra fondamentale dell'intera struttura della logica aristotelica. Aristotele ci dirà poi come si perviene, mediante il processo astrattivo, alla formulazione del concetto, ma è certamente Socrate che ne avverte l'esigenza.

E' vero che molti dei dialoghi di Platone non riescono a pervenire, neanche da parte di Socrate, alla definizione del concetto universale. Molti problemi restano irrisolti. E' il caso dell'Eutrifone, sulla natura della pietà; del Lachete sul coraggio; del Carmide sulla temperanza; del Liside sull'amicizia. Ma com'era nei presupposti del pensiero socratico, la finalità della filosofia non era tanto la soluzione del problema che si affrontava, quanto piuttosto tenere fede al metodo maieutico della ricerca, che assicurasse, pervenendo al concetto e partendo da esso, il sicuro punto di partenza.

La domanda di Socrate intesa a ricevere una risposta su cosa è la bellezza, sull'in sé del bello, non solo permetteva di avere un punto fermo di partenza per l'intera questione estetica, ma sottraeva l'interlocutore alla tentazione della deviazione dai termini della discussione comune. La peculiarità del concetto, e perciò della definizione della bellezza in quel che essa è, il suo concetto universale, è assunto come ciò che si sottrae alla diversità o al mutamento dei punti di vista o delle opinioni, perché si riferisce a quei tratti che, essendo costitutivi dell'oggetto stesso, non vengono alterati da mutamento di prospettiva [8].

E' implicita la persuasione che per affermare che qualcosa è bella, è necessario sapere cosa sia la bellezza.

Ippia, che pure è fortemente esercitato nella eristica sofista, mostra invece di non avere alcuna dimestichezza con la capacità di astrazione. Infatti alla domanda che cosa è il bello, risponde che il bello è una bella fanciulla. L'ironia di Socrate non può che essere aspra ed irridente. Se infatti una fanciulla è bella , lo è allo stesso titolo per il quale è bella una cavalla, una lira, una pignatta. Ma Socrate vuol sapere ciò che rende intelligibile la bellezza della fanciulla, così come della cavalla e della pignatta, della lira, dell'oro e dell'avorio.

Sollecitato ed incalzato dalle domande di Socrate, pare che Ippia avverta il senso della domanda di Socrate:

- Ippia: "Ti dirò. Tu vuoi, mi sembra, indicare nella risposta qualcosa di siffattamente bello, che non possa parer brutto in nessun tempo, in nessun luogo e a nessuna persona".

- E Socrate: "Precisamente, Ippia. Ora sì che l'hai indovinato" .

Nel prosieguo del dialogo la questione sul concetto di bellezza si fa sempre più complessa, tanto che lo stesso Socrate dirà con apprensione a Ippia: "Tu vedi che filo da torcere ci ha dato codesto bello".

Proseguendo l'indagine, si nota che non si sta più trattando dell'istanza di pervenire alla definizione o di formare il concetto per poter discutere della bellezza. Si tratta di qualcosa che è altro e che esorbita dal concetto che si vorrebbe espresso in una definizione. Il seguito si sposta piuttosto a porre le premesse di una concezione della bellezza che si nota non essere più quella di Socrate, ma quella che sarà poi propria di

Platone. Il bello in sé, che all'inizio del discorso sembrava soffermarsi al suo valore logico, cioè ad un concetto, nel seguito si sistema nell'ordine della ontologia idealista e nella categoria della partecipazione, che è propria di Platone. Infatti, pare che il bello in sé, quello di cui si adornano tutte le altre cose e per cui ci sembrano belle, quando ad esse si accompagna questo concetto , voglia annunziarsi già nella costituzione di una idea in sé, di cui Platone tratterà in seguito nel suo sistema ed in ragione della sua ideologia

Il dialogo della bellezza non conclude, come tanti altri, fornendoci il concetto definito della bellezza. Conclude invece sulla necessità di portare a livello di concetto e definizione universale il bello, perché il discorso sulle cose belle sia possibile. Così come conclude che il concetto di bellezza non è desumibile immediatamente osservando le singole cose belle mediante i sensi, che presiedono al rilievo della bellezza, come l'udito e la vista, che necessariamente introducono ad una concezione relativista della bellezza. Quando però si tratta di dover concludere verso una definizione della bellezza in sé, Socrate si ritrova con le stesse difficoltà che erano di Ippia, con la sola differenza d'esserne cosciente.

Ma per Socrate è importante aver posto il problema nell'indirizzo che è peculiare della sua filosofia. La quale è amore al sapere e scepsi, cioè ricerca della verità e non conquista e possesso. Perciò Socrate concluderà il dialogo con una simulata rassegnazione:

Intanto, o Ippia, credo di aver già ricavato qualche profitto così dalla sua come dalla tua conversazione: credo infatti di aver imparato che cosa voglia dire il proverbio: Le cose belle sono difficili .

Le categorie estetiche del bello: altre ed oltre il concetto Il "bello", per i Greci kal n e per i Romani pulchrum, già dal primo momento in cui si è cercato di portarlo a livello di concetto, non ha mai avuto la possibilità di restare nella purezza del suo concetto, cioè in quella definizione generale ed astratta nella quale fosse possibile conservargli la minima comprensione dei termini definitori, per potergli poi consentire, di conseguenza, la massima estensione dei suoi possibili riferimenti. Una definizione cioè, compresa fra genere e differenza specifica, per cui sia possibile riferirsi ad ogni singola cosa che generi godimento estetico. Una nozione nella quale trova residenza la bellezza della bella fanciulla come quella del cavallo, di un oggetto fisico-naturale come di un fiore e di una realtà astratta come la giustizia, di un prodotto della natura come di un prodotto dell'arte, di un prodotto dell'arte antica come di un prodotto dell'arte moderna e contemporanea, semplice o anche composto di parti, la bellezza classica come quella romantica, la bellezza delle arti visive come quella delle arti poetiche, quella dell'architettura come quella della scultura, della danza e della recitazione, la bellezza fissata dell'immagine pittorica come quella in movimento della sensazione musicale, quella della fotografia e quella del cinema, e per finire, che dia cittadinanza finanche alla bellezza dell'orrido e del brutto, così come lo espresse Omero in Tersite, lo teorizzò Aristotele nella Poetica e lo ripensò infine Karl Rosenkranz nell'Estetica del brutto[9]e tanti altri a noi contemporanei.

La natura del concetto è infatti tale che la definizione non può allargarne la comprensione dei termini definitori, senza che ne restringa la capacità di riferimento. Il concetto è infatti operazione dell'intelletto, il quale procede per astrazione da ogni elemento individuato e determinato. Tutto ciò che al concetto si aggiunge, è una aggiunta indebita, perché rende particolare il concetto universale. Ciò che perviene come oltre ed è altro dal genere prossimo e dalla differenza specifica è opera non dell'intelletto, ma della ragione. La quale non astrae, ma compone, ed in quanto tale è strumento proprio della Teoria.

Il concetto del bello si può ritenere che non abbia mai visto la condizione dell'assoluta purezza. Mai la sua definizione lo vide nell'assoluta e pura determinazione.

Nacque già rivestito di indumenti che ne coprivano le originarie fattezze e la purissima semplicità.

Si è visto come per primi i Sofisti ne abbiano adulterato il concetto mediante la teoria, rendendolo soggetto alla sensazione e informandolo di relativismo soggettivo. Già prima dei Sofisti, i Pitagorici sottomettevano la bellezza delle cose alle categorie della misura e dell'esatta proporzione o simmetria e che tale simmetria dovesse essere di un ordine matematico.

Nell'Ippia I, Platone ci aveva presentato un Socrate tutto inteso a dimostrare che della bellezza se ne dovesse formulare il concetto per pervenire ad una definizione nella quale fosse possibile includere qualsiasi oggetto bello. Ma si è anche visto che la conclusione non ha portato alcun risultato pratico, e perciò la domanda su cosa fosse bello è restata inevasa. Manca, nella presentazione che Platone fa di Socrate esteta, il prosieguo del discorso estetico per il quale fosse a noi possibile pensare cosa altro Socrate poteva aggiungere.

La storia dell'estetica annovererà il capitolo sulla dialettica tra teoria e definizione della bellezza come un capitolo interminabile e sempre nuovamente riproposto. Fino a quando, dopo il soggettivismo kantiano, già inoltrato da D. Hume[10], la filosofia dell'estetica rifiuterà di tornare a considerare il bello come qualcosa di necessario all'arte, fino ad ignorare o a rifiutare di sapere cosa fosse l'Estetica e quale cosa fosse la "cosa" dell'Estetica [11]. Il bello sarà quasi completamente emarginato dal rispetto del pensiero filosofico-estetico e la stessa categoria del brutto e del deforme non si farà scrupolo di occuparne il seggio[12].

Il concetto di bello, che già dalla nascita si è visto rivestito di spessi veli che, in diversi modi, hanno cercato di occultarne le purissime fattezze, si trova oggi molto più impoverito che mai. E' diventato, come osserva lo storico Tatarkiewicz, un'espressione colloquiale[13]. E se anche il termine bellezza ha ancora immutato il suo fascino ed ancora evoca ciò che la fa riconoscere stirpe divinam fra le vecchie e nuove generazioni, dobbiamo tuttavia rammaricarci che, per averne smarrito il concetto e per aver rinunziato ad una sua definizione, non solo il concetto del bello si è reso errante ed irriconoscibile, ma con esso si è resa indecifrabile la stessa arte, che pur continuando a produrre opere di sempre rinnovata bellezza, non sa tuttavia cosa sia e con quale identità debba dichiararsi.

Ci troviamo, pare, di nuovo esattamente nella condizione di Socrate di fronte a Ippia di Elide, in uno stato penoso di ignoranza, senza però la fresca fiducia del giovane Platone. Non siamo più capaci di riconoscere il "bello in sé" ma non sappiamo rassegnarci alla perdita, che pare irreparabile, e seguitiamo a interrogarci e a ricercarne le ragioni [14].

Dopo Kant, il nichilismo ha tarlato anche l'estetica. E, come annota il già citato Tatarkiewcz, Nel nostro secolo tutto è cambiato. Se nell'Ottocento erano state poste le premesse della negazione dell'estetica del bello, nel Novecento sono state tratte le conclusioni, sia da parte degli artisti che dei teorici. Vale a dire: il concetto di bello è talmente impreciso che non è possibile formularne una teoria. Inoltre la bellezza non ha una qualità così pregevole come s'era ritenuto per secoli. Non è neppure il fine precipuo dell'arte. Se un'opera d'arte scuote, colpisce fortemente il fruitore, ciò è più importante dell'incantarlo con la sua bellezza [15].

Il saggista inglese Herbert Read (1893-1968), nella sua opera Il significato dell'arte, rifiutando l'accostamento del bello all'arte come fatto necessario, già nel 1931 scriveva che l'identificazione di arte e bello sta alla radice di tutte le nostre difficoltà nella valutazione della prima: questo non si ripeterà mai troppo spesso, né troppo forte.

Ma le ragioni che si domandano sono per noi già note da tempo. Con l'abbandono della metafisica, la filosofia si è fatta più sofisticata ed incerta, ma anche meno sapiente, mentre il pensiero si scopre ancora più debole, ed è costretta a riconoscere che l'epochè o la messa in ombra del concetto, non fermerà gli artisti da creare ancora bellezza con infinite e nuove forme, ma sempre nella persuasione che bello è sempre e solo ciò che piace nell'atto della sua apprensione. E ciò, indipendentemente dalle mille teorie che, come da sempre, tentano di assoggettarsi il concetto.

Sul "concetto" della bellezza è sceso da tempo la coltre dell'oscuramento.

Il nichilismo, che è il pensiero ossessionato dal nulla [16], serba al concetto della bellezza la stessa sorte che riserva ad ogni altro tema filosofico: non ha soluzione ma storia.

Il nichilismo introdotto in estetica, quello che fa capolino fin dal soggettivismo kantiano e si fa adolescente nell'idealismo e poi maturo in seguito, ha privato di senso la stessa domanda su cosa sia la

bellezza. I nostri tempi si sono poi interessati a portare al massimo della dissolutezza l'idea classica della bellezza. E perciò non solo le filosofie in cui si forgiano le teorie del bello e dell'arte, ma anche le correnti artistiche hanno tratto le ultime conseguenze. Il dadismo, il surrealismo, il futurismo ed altre portano a conclusione il disfacimento, non solo rifiutando che la bellezza possa avere una definizione, ma rifiutando anche che essa debba esistere correlativa dell'arte. Il verbo nichilista è che l'arte non ha bisogno di legarsi alla bellezza.

Si sa che, ai nostri tempi, non si può domandare al pensiero debole che ripristini la dignità della bellezza, restituendole la propria definizione. Non può, perché ogni concetto o definizione sa di metafisica. Riproporre una metafisica dell'estetica sarebbe come far prendere al futuro il posto del passato. Meglio dunque che la filosofia dell'estetica continui ad obliare l'istanza che la bellezza non abbia nome e che l'arte si conduca errante, cercando che finalmente qualcuno le dica cosa sia. Resta però che, anche se dell'arte e del bello le teorie hanno annunziato la morte e si sono anche preparati i riti per seppellirne i concetti, gli artisti veri, che quelle teorie continueranno ad ignorare, saranno ancora ispirati a produrre bellezza ed arte.

Il filosofo Adorno ebbe a dire che è incerto se l'arte in generale sia ancora possibile; è incerto se essa, dopo la sua completa emancipazione, non si sia tagliata alle spalle i propri presupposti e non li abbai perduti[17].

Ma se anche le teorie continueranno a ritenere che, se delle cose belle si vorrà parlare, non c'è bisogno che della bellezza se ne abbia il concetto, noi consentiremo con Adorno che l'estetica diventa il necrologio non solo della definizione dell'arte ma anche del concetto del bello.

LA BELLEZZA IN PLATONE:

IL "CONCETTO" SI TRASFORMA IN "IDEA"

L'estetica di Platone è espressa da due interessi distinti: quello concernente l'arte e quello concernente la bellezza.

Platone porta novità rilevanti per quanto concerne la definizione della bellezza. Il concetto postulato da Socrate e che Socrate stesso riteneva di ordine logico-conoscitivo, da Platone è trasformato in Idea.

Come gli altri suoi predecessori e contemporanei, Platone non elaborò una teoria estetica sistematica. La ricaviamo dal sistema generale del suo pensiero e spigolando fra le varie opere, le quali diventano il contesto nel quale i principi estetici si manifestano.

L'arte non fu sospettata per la prima volta da Platone. Già Pindaro, del VI sec. a. C., scriveva che nei falsi racconti e nell'arte alata del poeta domina un tono di mistero: la poesia, con la seduzione per mezzo delle favole, inganna e il vasto pubblico possiede un animo privo di discernimento [18].

Platone non fece che dare più plausibili ragioni all'avversione per l'arte, comprensibili nell'elaborazione del suo sistema, dal quale è ritratta poi la teoria dell'arte e della bellezza[19].

Non vi è dubbio che Platone, nutrisse una grande sensibilità per il bello, anche se pare che egli tenesse in maggiore considerazione la bellezza delle cose della natura. Platone esclude certamente i poeti epici e drammatici dallo Stato ideale. Ma le ragioni non sono di stima, ma piuttosto di ordine morale. Non mancano infatti testimonianze in cui si dimostra evidente che Platone fosse molto sensibile al fascino delle sue composizioni. Le sue stesse opere, oltre che di grandissimo valore filosofico, sono informate da un grande valore artistico, e come tali apprezzate in ogni tempo.

A parte la disistima che nutriva sul valore educativo dell'arte, bisogna riportare a lui la prima e più compiuta teoresi sull'arte e sul bello.

Abbiamo ricordato le difficoltà incontrate da Socrate nel definire il bello. La stessa difficoltà la si ritrova intatta in Platone. Giustamente osserva Tatarkiewicz: Le sue teorie metafisiche ed etiche influenzarono quelle estetiche, la sua teoria idealistica dell'esistenza e quella aprioristica della conoscenza si riflettono nella sua concezione del bello, mentre la sua teoria spiritualistica dell'uomo e quella moralistica della vita si rifletterono nella sua concezione dell'arte [20].

La teoria platonica, sia del bello che dell'arte, non è formulata in base ad un concetto derivata dall'esperienza, ma dal sistema filosofico. Essa è intelligibile solo all'interno del sistema. Anzi, è tale l'aderenza dell'estetica platonica al sistema, che in nessun'altra estetica la teoria della bellezza trascurerà il dato dell'esperienza

Come si è detto, gli artisti non godono buona stima per Platone. Imitazione non della realtà vera, ma dell'immagine, l'arte imita l'imitazione. Perciò non merita reputazione. E' falsa e ingannatrice. Essa propone ciò che è già illusorio. E ciò è affermato, anche se egli stesso fosse un vero artista, specialmente nei dialoghi e nella composizione architettonica del sistema di pensiero.

E' da registrare anzitutto lo scollamento del bello dall'arte. La bellezza, per Platone, più che nell'arte, è presente nella natura. L'arte non è per servire e produrre bellezza. Essa aiuta l'uomo a riempire i vuoti presenti nella natura. Produce ciò che la natura non offre. Esclude solo la poesia. Che, in realtà, da Platone non è ritenuta arte, per la sua specifica indole ispirativa e demoniaca. E' ispirazione. A renderla possibile, presiedono le muse[21]. I poeti sono vati ed interpreti degli dei. Sono mossi a poetare dal delirio e dalla mania. La poesia è un'attività atipica e comunque stra-ordinaria.

Ciò che sperimentiamo nel mondo uranico è immagine e similitudine del mondo ideale dell'Iperuranio. Le realtà dell'esperienza, mentre imitano il mondo ideale, lo mimetizzano. E' perciò che l'esperienza non ha consistenza ontologica. Se ne ha, è in riferimento al mondo ideale di cui è immagine. Non ha perciò verità ed è in sè simulatrice.

I concetti platonici di mimesis e meteksis, che reggono l'impalcatura del sistema logico e ontologico di Platone, erano già adoperati dal pensiero preplatonico. Ma è per Platone che le arti, specialmente quelle figurative della scultura e della pittura, allontanavano la contemplazione dalla verità, illudendo e deviando. Una copia scultorea, anche la più perfetta e fedele, diventa così replicativa e reduplicativa. Quando poi non è neanche fedele e perfetta, essa è menzognera[22].

Le arti creative, in quanto produttive di cose utili, sono almeno giustificate per la loro utilità. Quelle che creano immagini illusorie, quali la pittura, la scultura, la composizione poetica e la musica, arti imitative, rivelano invece il loro carattere irreale e perciò sono diseducative. Esse vanno bandite dalla Repubblica.

L'arte può rientrare in una positiva considerazione solo se si dimostra utile, educativa e morale. Quanto più l'arte si allontana dalle leggi della natura, tanto più diventa deteriore. Per Platone il criterio valutativo dell'opera d'arte, non può essere perciò la sua indole estetica. Non è la proposta della bellezza che giustifica, ma la sua utilità ed eticità. L'arte non ha perciò autonomia. Deve essere soggetta alla fedeltà della rappresentazione e all'ordine della moralità.

La verità è che in Platone l'arte non ha definizione estetica. E' negata nel suo riferimento a ciò che le è esclusivamente proprio, cioè il rilievo della bellezza.

In Platone l'arte e la bellezza sono due capitoli a sé stanti. L'arte non ha relazione con la bellezza e questa non è categoria dell'arte. L'arte ha la connotazione che le dà il sistema filosofico. E' compresa dalla "teoria" ed è dal sistema stesso giudicata. Il sistema poi la giudica e la pregiudica in base a delle preconcezioni presenti in forme fortemente condizionanti ogni altro tipo di giudizi, non solo estetici. La considerazione platonica sull'arte resta perciò incompiuta perchè ideologicamente impostata. L'arte è considerata senza una preoccupazione estetica. L'estetica platonica, come del resto l'estetica dell'intera speculazione greca, può liberamente procedere, pensando l'arte senza riferimento al bello e pensando il bello senza riferimento all'arte.

Come l'arte è da Platone considerata senza riferimento al bello, così, come vedremo, il bello sarà speculato senza riferimento all'arte, ma riflesso nella sua nozione ideale e senza la preoccupazione di una previa definizione, a cui faceva riferimento l'istanza socratica.

Socrate ha elevato il bello a livello di concetto. Platone eleva il concetto a livello di ipostasi. E' Idea.

Si è parlato del bello nell'Ippia I, laddove Platone riportava il pensiero di Socrate, inteso a convincere Ippia della necessità di pervenire alla nozione universale di bellezza, prima di discutere della bellezza delle cose belle. Già in quel dialogo si riteneva che le cose belle fossero tali in ragione della loro partecipazione alla bellezza universale, alla Bellezza in sè, all'Idea di bellezza.

La ricerca dell'universale sembra essere in Socrate d'indole logica. Si fa lo sforzo di pervenire ad una definizione, e perciò ad un concetto. Ma pervenire ad un concetto logico è la stessa cosa che partecipare della realtà universale di cui si ha il concetto? In Ippia I pare che Socrate lo affermi. Quando Socrate domanda: Allora la bellezza è anche qualcosa di reale, Ippia non esita a rispondere: Reale, perchè domandarlo [23].

Non pare che per Socrate, almeno per quanto è dato rilevare nell'Ippia I, si possa parlare di un reale sussistente della bellezza come concetto universale. E' invece chiarissimo che la sussistenza reale della bellezza è presente nel Simposio di Platone, che è il dialogo dell'amore, e che, di riflesso, tratta della bellezza, intesa come finalità attrattiva dell'amore.

Non avendo perciò una definizione della bellezza, la domanda preliminare è dunque quella di cercare la nozione della bellezza nella teoria che la suppone. Il prodromo è nell'Ippia I: non si può parlare delle cose belle se non si perviene al concetto universale della bellezza, del bello in sè, quello di cui si adornano tutte le cose belle, quando ad esse si accompagna questo concetto. Tale bellezza in sé è anche qualcosa di reale. Si tratta della soglia, cioè del punto di arrivo in Socrate che, a dire di Aristotele, non giunse mai all'affermazione della realtà-ipostasi dell'universale. Socrate non considerò gli universali o le definizioni separate. Il suo successore però diede loro una esistenza separata. Ciò diede luogo a quelle che si chiamarono idee. Di tutte le cose di cui si dice l'universale, Platone ne affermò l'idea.

Ci soffermiamo brevemente a chiarire la natura della separazione della forma universale, di cui le cose sono informate. Lo facciamo perchè ci risulti più chiaramente quanto è affermato della bellezza in sè, nel Convivio di Platone.

G. Reale sostiene che, in effetti, Platone non ha mai ipostatizzate le forme, o che le abbia ritenute realtà separate, come fa intendere Aristotele. Nel commento alla Metafisica, Reale sostiene che, come sempre Aristotele vede il pensatore che cita in funzione delle proprie categorie teoretiche [24]. Anche il Copleston è del medesimo avviso. Ma ritiene che l'essenza della dottrina platonica delle Idee o Forme, consiste proprio in questo:

Il concetto universale non è astratto, non è privo di contenuto oggettivo o di riferimenti a tale contenuto, ma che ad ogni vero concetto universale corrisponde una realtà obiettiva. Quanto sia qualificata la critica di Aristotele, secondo la quale Platone avrebbe ipostatizzato le Idee ed immaginato un mondo trascendente di universali separati, è cosa che deve essa stessa essere oggetto di discussione; ma rimane comunque vero che, sia giustificata o meno tale critica, l'essenza della teoria platonica delle idee non va posta nella nozione di una reale separazione degli universali, ma nella convinzione che i concetti universali abbiano riferimento oggettivo e che la realtà che corrisponde ad essi, sia di un ordine più elevato della percezione sensibile come tale[25].

Prima di conoscere qual è realmente lo status di una bellezza in sé, di cui partecipano le cose belle, e di capire lo statuto ontologico dell'idea-bellezza, di cui si dice che secondo

Platone dovesse ritenersi separata, riteniamo utile trascrivere il passo del Simposio, in cui è enunciata la sintesi della nozione platonica della bellezza.

Il Simposio, opera platonica della maturità, è un dialogo raccontato. Il tema verte sull'esaltazione dell'Eros, di cui tutti gli invitati sono tenuti a tesserne l'elogio dal loro punto di vista. Anche Socrate, presente al convito, è invitato a esprimere il suo parere sull'Amore. Egli dice di aver trattato del tema in questione con la profetessa Diodima e aver appreso da costei che la bellezza è la finalità dell'amore, che compito dell'eros è di condurre gli uomini fino alla contemplazione della vera Bellezza, partendo dalla contemplazione delle belle forme dei corpi, salendo verso la bellezza che si trova nelle anime e quindi fino alla bellezza della scienza, mirando all'ampia distesa del bello, non più estasiandosi come uno schiavo, davanti alla bellezza di una singola cosa, di un giovanetto o di un uomo o di una istituzione sola, e servendo una abietta e meschina persona; ma volto al gran mare della bellezza, e contemplandolo, partorisca molti e belli e magnifici ragionamenti e pensieri in un amore sconfinato di sapienza, fino a che, in questo rinvigorito e cresciuto, non si elevi alla visione di quell'unica scienza, che è scienza di siffatta bellezza.

(...) Una bellezza di sua natura stupenda, e precisamente quella, o Socrate, per la quale si erano curati tutti i travagli precedenti, quella che innanzitutto è eterna, che non diviene e non perisce, non cresce e non scema; e poi che non è bella per un verso e brutta per un altro, né a volte sì e a volte no, né bella rispetto ad una cosa e brutta rispetto ad un'altra, né qui bella e lì brutta, o bella per alcuni e brutta per altri. Né, per di più, la bellezza prenderà ai suoi occhi la forma come di un volto o di una mano o di alcunché di corporeo, né d'un discorso o d'una scienza o di qualcosa sia in un altro, in un animale, poniamo, o in terra o in cielo o dove che sia; ma gli apparirà quale è in sè, uniforme sempre a sé medesima, e tutte le altre cose belle, partecipi di essa in tal modo che, mentre queste altre divengono e periscono, essa non diviene punto né maggiore né minore, e non soffre nulla [26].

Alcuni critici del Simposio ritengono che il fatto che Socrate si sia fatto condurre dalla sacerdotessa Diodima di Mantinea all'affermazione della natura della bellezza in sé, indurrebbe a credere che la teoria esposta nel Simposio sulla bellezza non fosse quella a cui pervenne di fatto il Socrate storico, ma fosse invece una teoria di Platone che, fattosi presente in Diodima, esponeva a Socrate il superamento della forma del concetto universale socratico.

L'ipotesi resta. Vera o errata che sia, ciò che a noi è dato concludere è che, dal tenore del discorso di Diodima a Socrate, e dagli altri passi del Simposio, si evince che la bellezza di cui parla Platone non è semplicemente un concetto, ma una realtà oggettiva o oggettività reale. E' un concetto che è reso idea. Non è nelle singole cose belle e non resta soltanto universale astratto della mente. E' un reale, ma anche un sussistente che non si colloca soltanto all'interno della mente umana come universale astratto.

E' causa attrattiva dell'eros, ma anche causa efficiente di quella partecipazione di bellezza relativa che è nelle cose.

Tuttavia, anche se è da ritenersi separata, come Aristotele ritiene che sia ogni idea dei platonici[27], tale separazione non è da intendersi in termini spaziali o locali. L'idea-bellezza resta nella sua indole di concetto-idea universale. Non ci si può domandare dove risiede, proprio perchè non ha sede o collocazione spaziale.

Il Kòrismos o separazione sembra pertanto implicare, nel caso dell'essenza platonica, una realtà esistente al di là della realtà soggettiva del concetto astratto, una realtà sussistente, ma non la separazione locale. Quindi è esatto dire tanto che l'essenza è immanente, quanto dire che è trascendente: la difficoltà sta nel fatto che essa è reale e indipendente dai particolari, immutabile e permanente.

E' assurdo affermare che, se l'essenza platonica è reale, deve essere da qualche parte. L'assoluta Bellezza, per esempio, non esiste fuori di noi come esiste un fiore, perché si può dire ugualmente che esiste dentro di noi, in quanto non si possono applicare ad essa le categorie spaziali. D'altra parte non si può dire che sia dentro di noi e generata con noi e destinata a morire con noi. E' trascendente e immanente, inaccessibile ai sensi, intelligibile solo con l'intelletto[28].

Accostamento del Bello al Bene

Nella Repubblica, la bellezza assoluta, come principio supremo unificante, in certo modo viene a identificarsi con l'assoluto Bene.

Tale accostamento presenta serie difficoltà d'interpretazione, ma dà anche inizio a quel processo di identificazione tra il bonum ed il pulchrum, che sarà massimamente sviluppato nella filosofia medioevale, specialmente in Tommaso d'Aquino.

Nella Repubblica si conferma l' in sè e la sussistenza delle Idee. L'idea del bene ha tuttavia una preminenza di considerazione ed una maggiore ampiezza di trattazione. E' paragonata al sole, che non solo illumina le cose ma le genera. E così dirai che le cose conoscibili non derivano dal bene soltanto la loro conoscibilità, ma anche l'esistenza e l'essenza, quantunque il bene non sia essenza, ma per dignità pari e anche al di sopra della essenza [29]. Si evidenzia qui che, al pari e con più ragione del Bello, anche il

Bene non è solo un puro concetto. E' un principio epistemologico, in quanto principio di intelligibilità. Ma anche principio ontologico e teleologico, in quanto principio reale e sussistente, che dona essenza ed esistenza.

L'accenno che Platone fa del Bene che, mentre origina l'esistenza e l'essenza, esso stesso non è essenza, resta ancora uno dei problemi irrisolti in Platone. Tuttavia non si è lontani dal vero ritenendo che nella gradazione gerarchica delle idee e forme, il Bene non è ritenuto essenza, proprio perchè esso trascende e origina "il loro essere e la loro essenza".

Aristotele esplicitamente afferma che per Platone le Forme sono la causa delle essenze di tutte le cose e l'Uno è la causa dell' essenza delle Forme [30], e poiché lo stesso Aristotele dice di coloro che sostengono l'esistenza di sostanze immutabili, alcuni affermano che l'Uno in sè è il Bene in sè, ma ritengono che la sua essenza consiste soprattutto nella unità [31], è giusto ritenere che si applichi al Bene ciò che è riferito alle proprietà dell'Uno.

L'identità del Bene e del Bello non è esplicitamente affermata da Platone, ma, sia dell'uno che dell'altro, si affermano le stesse qualità, e pertanto sembra ragionevole concludere che l'Uno, il Bello ed il Bene siano la stessa cosa.

E' a questo punto introdotta la problematica, che sarà poi sviluppata in Aristotele e nella filosofia medioevale, sulle proprietà trascendentali dell'essere.

La Bellezza assoluta e la Bellezza partecipata

Nel Simposio l'idea del bene e quella del bello sono state identificate. Sia l'una che l'altra sono all'origine dell'essere e dell'essenza delle cose.

In sé reali e sussistenti, sono all'origine dell'intelligibilità e dell'essere delle realtà buone e belle. Sono perciò non solo modelli ed esemplari, ma anche principi ontologico-costitutivi. Il Bene-Bellezza assoluta è in sé trascendente. Ma poiché si manifesta nelle cose belle che la imitano, è anche un principio immanente.

Tra la bellezza assoluta e quella relativa partecipata non vi è solo distinzione definitoria, ma anche differenza antologica. La Bellezza assoluta si partecipa, quella relativa è partecipata. La prima è imitata, l'altra imita. L'una è modello, l'altra è modellata. Platone adopera la metafora della partecipazione-metexis e della imitazione-mimesis.

Il problema nasce dal ritenere l'esistenza reale dell'idea in sé della bellezza e dal ritenere la natura della relazione tra bellezza in sé e le cose belle, che sarebbero tali in ragione del rapporto con quella. La risposta di Platone è nel significato che si attribuisce ai termini-metafore della imitazione e della partecipazione.

La natura della relazione tra idea in sé e le cose singole che all'idea sono relative, la troviamo sviluppata in un altro celebratissimo dialogo di Platone: Parmenide.

In questo dialogo, anch'esso raccontato come il Simposio, Socrate è questa volta uditore ed obiciente, mentre l'espositore e maestro diventa Parmenide. Il quale è naturalmente impegnato a dimostrare la esclusiva esistenza dell'uno; accompagnato dal fedele Zenone, che è invece impegnato a dimostrare l'inesistenza dei molti.

Parmenide ritiene che per quanto siano le difficoltà e contraddizioni presenti nella tesi della esclusiva esistenza dell'uno, ben più numerose e difficili si presentano le tesi che vogliono sostenere la pluralità degli enti. Socrate conviene con Parmenide. Ma aggiunge che ciò è vero se ci si ferma al mondo delle realtà sensibili. Non avviene invece se si ammette il mondo delle idee, di cui le cose sensibili sono partecipazione e imitazione.

Dopo aver convenuto che di certo vi sono le idee-forme del giusto, del bello, del buono e simili, che si deve esitare ad affermare che vi siano idee-forme di uomo, di fuoco, di acqua e simili, si ritiene certo che non possono esserci idee-forme di realtà spregevoli ed umili come capello, sudiciume e simili. Del bello però, come del giusto e del bene, certamente c'è la corrispettiva idea-forma, di cui le cose belle partecipano e alla quale somigliano. E' la tesi sostenuta da Socrate e condivisa da Platone.

Sta di fatto che, nel corso del dialogo raccontato del Parmenide, il valore della ipotesi sostenuta da Platone circa il concetto di imitazione e partecipazione, sta proprio nell'affermazione di Parmenide, secondo la quale, nel rapporto fra idea-forma e i relativi oggetti, sia la partecipazione che l'imitazione non possono essere logicamente, e perciò realmente, sostenute.

Come intendere il rapporto che intercede tra il mondo delle idee, esistente e parte in sé, e le cose sensibili che da quelle prendono nome? Come colmare l'abisso che separa questi due mondi?

E' lo stesso Parmenide a dare speranza a Socrate, dicendo che se il problema attualmente sembra insolubile, non è detto che resterà tale. Infatti è possibile che in futuro nasca un intelletto superiore che ne additi la soluzione. E del resto, rifiutarsi d'ammettere l'esistenza della forma degli enti significherebbe ammettere l'impossibilità della scienza e l'inutilità della dialettica[32].

La conclusione del Parmenide non approda ad un risultato alcuno per quanto concerne il rapporto tra il Bello in sé e le cose belle che di esso partecipano. L'artificio del Parmenide sta nell'aver postulato l'avvenire eventuale di un'altra intelligenza capace di una nuova impostazione del problema. Ma evidentemente si tratta di una nuova intelligenza, che si introdurrà con nuove visioni sistematiche.

Il problema della bellezza in Platone è formulato. Non è tuttavia risolto. Si è arricchita la tematica, ma si è complicato il problema.

Non manca, al termine, un ritorno di resipiscenza verso la esperienza della bellezza che si coglie nelle cose. Nel Fedro, Platone sembra ignorare la bellezza in sé, trascendente, quando afferma che, a differenza della sapienza, noi riconosciamo la bellezza attraverso i sensi. Infatti, egli dice, alla sola bellezza toccò in sorte il privilegio di essere la più evidente e la più amabile[33].

Platone fa dire a Socrate: Ed ecco ora che l'essenza del bene si è rifugiata nella natura del bello; perchè certo la misura e proporzione accade che siano ovunque (vi è) bellezza ed eccellenza[34].

Si parla in questo contesto non più della bellezza in sè, ma di una bellezza che si manifesta nel piacere, nelle figure degli esseri viventi e in quella di certi dipinti, delle figure piane e solide, di colori, "che sono relativamente belle ed alcunché, come altre cose, ma che da natura sono di per sè medesime sempre belle ed hanno in sè certi piaceri propri che non hanno punto a che fare coi piaceri prodotti dai solletichi"[35].

L'affermazione del Filebo, secondo la quale la misura e la simmetria si trovano ovunque, sia nella bellezza che nella virtù [36], ritenute come categorie sia della bellezza in sé che della bellezza sensibile, è, a nostro avviso, l'affermazione più inedita che Platone fa sulla bellezza. Ma questo avviene ad un livello di considerazione che meglio si addice al mondo dell'esperienza uranica aristotelica che a quello iperuranico di Platone.

Non si può negare il grande valore filosofico della trattazione estetica di Platone sul tema dell'arte e della bellezza. Ma non vi è anche chi possa negare quanto il suo sistema idealistico abbia falsato sia il tema della bellezza che quello dell'arte.

Manca in Platone il punto di approccio di una definizione specifica sia dell'arte che del bello estetico. Il bello, nella sua definizione, non è ciò che piace; così come l'arte non è intesa in riferimento alla sua capacità di generare il bello. La definizione del bello è allargata non solo nell'accostamento al bene, che ha una portata etica oltre che ontica, ma anche a determinazioni ulteriori che, del concetto del bello, allargano la comprensione per poi restrigerne l'estensione.

La stessa osservazione va fatta per l'arte che, in quel che va oltre il significato della generica technè, resta nella nozione della comune accezione del tempo, per la quale la nozione del bello non necessariamente diventa relazionata a quella dell'opera d'arte. Per cui si ha una bellezza che non è necessariamente dell'opera d'arte, ed un arte che non fa necessariamente riferimento alla bellezza.

Al termine dell'esposizione platonica sull'estetica si sente chiaramente che il difetto sta precisamente nell'essersi sottratto all'istanza del Concetto, e nell'aver privilegiato quella della Teoria, nella quale il termini della bellezza e dell'arte si sono rilevati fortemente compromessi.

BELLEZZA E ARTE IN ARISTOTELE:[37]

LA TEORIA ADULTERA IL CONCETTO.

Aristotele vanta con Platone la stessa grandezza e compiutezza di pensiero. Ma per quanto riguarda la sistemazione dell'intera filosofia, quella di Aristotele è di tutt'altra formazione.

Per lo Stagirita il substrato della sistemazione filosofica è l'esperienza delle cose terrene, l'empiria e la scienza di cui era un informato cultore.

La diversità fra Platone e Aristotele è espressa adeguatamente nelle differenti immagini architettoniche tratteggiate da Goethe, quando nota che, mentre la filosofia di Platone può essere paragonata ad un obelisco o ad una fiamma di fuoco che si inerpica verso il cielo, quella di Aristotele è bene espressa nell'immagine di una piramide che, inerpicandosi anch'essa verso il cielo, è tuttavia fondata su di una solida base che poggia sulla terra. Anche se l'uno e l'altro culminano nella metafisica, Aristotele non concede il minimo favore al mondo delle Idee che non siano idee della mente umana.

E' innegabile che su molti temi Aristotele ha subito l'influsso di Platone. Ma è anche vero che nessuno come Aristotele si è dimostrato tanto refrattario al mondo delle idee platoniche. Nel rifiuto del mondo delle idee platoniche, Aristotele si dimostrerà risoluto e anche ironico.

Le idee non giovano né alla conoscenza delle cose sensibili - infatti le Forme non costituiscono la sostanza delle cose sensibili, al momento che non sono immanenti alle cose sensibili che di esse partecipano... - Dire pertanto che le Forme sono modelli e che le cose sensibili partecipano di esse, significa parlare a vuoto e far uso di mere immagini poetiche [38].

Sia Platone che Aristotele approdano al campo della metafisica. Ma del primo si ha una metafisica che la fa da padrone nell'istanza del trascendente idealista. Dell'altro si ha una metafisica che nasce e si compie nell'istanza dell'immanente e dell'esperienza sensibile.

Per Platone, le cose sono belle perchè partecipano della bellezza in sé, trascendente e soprasensibile. Per Aristotele la bellezza è delle cose e nelle cose.

Legato all'esperienza, Aristotele ricava la definizione della bellezza notandola nelle cose belle, dalle quali soltanto è possibile ricavarne un concetto.

Per Platone è la bellezza in sé a rendere possibile la bellezza delle cose. Per Aristotele la primalità è delle cose belle, dalle quali è possibile pervenire al concetto della bellezza.

La scienza che tratta della produzione umana della bellezza è parte integrante della filosofia aristotelica.

Per Aristotele l'arte è abito, accompagnato da ragione, di produrre qualcosa [39]. Ma la categoria che presiede alla fondazione dell'arte è, anche in Aristotele, l'imitazione, mediante la quale il mondo immaginario dell'arte è ad imitazione del mondo reale.

Il termine platonico ha per Aristotele tutt'altro significato.

Non si tratta di un'imitazione che ripropone il mondo trascendente ed immaginario; e ciò che l'arte produce non è affatto copia di una copia. Per Aristotele l'artista che imita la natura coglie l'elemento significativo dell'universale che è nelle cose, attingendone l'essenza, così come è esemplificato nella poesia, che, per Aristotele, è qualcosa di più filosofico e di più importante della storia, perché i suoi enunciati hanno piuttosto a che fare con gli universali, mentre quelli della storia sono particolari [40].

Molte ed interessanti considerazioni verrebbe di fare su quanto Aristotele annota sulle arti specifiche, quali la poesia, la musica, la tragedia e il senso della catarsi, la commedia. Pensiamo tuttavia che simili considerazioni non porterebbero un contributo rilevante allo scopo del nostro studio, che è quello di riflettere sul difetto originario, che fu quello di pensare l'arte non nella purezza del suo concetto, ma nell'adulterazione della teoria. E del resto lo stesso Aristotele non concepì la Poetica come filosofia sull'arte, ma piuttosto come una riflessione didattica con finalità pratiche. Per questo il Croce parla, a proposito della sua estetica, di scarse e deboli speculazioni di lui intorno al bello [41]

Non possiamo tuttavia passare sotto silenzio il fatto che lo stesso Aristotele, come i filosofi precedenti, anche se pensò l'arte in termini positivi e la pensò nel termine platonico della mimesis o imitazione, non la definì nei termini puri di una definizione, ma in quelli di una sua teoria.

Se la bellezza ha la sua definizione pura in ciò che piace nella sua apprensione, l'arte ha la sua definizione pura in ciò che è produttiva della bellezza. E' la definizione del suo concetto. Ritenere che l'arte sia imitazione è una definizione estrinseca e descrittiva, e comunque, introducendo la categoria dell'imitazione e rendendola necessaria come elemento definitorio, Aristotele ne allargò la comprensione e, come sempre avviene, ne restrinse la estensione. In modo che quando le opere d'arte sarà possibile produrle fuori della categoria dell'imitazione, quella definizione, non più concettuale ma teoretica, dimostrerà il suo grande limite. Mentre infatti ci saranno opere d'arte che saranno belle quando imitano, altre ancora saranno effetto di pura creatività e, comunque, al di fuori di qualsiasi preoccupazione imitativa. Opere che resteranno artistiche, non perché aderenti al presupposto dell'imitazione, ma perché intese unicamente al rilievo della bellezza.

Costituzione ontologica della bellezza

La prima e fondamentale verità è che, per Aristotele, il bello è tale perché genera piacere, è ciò che piace; anche se non tutto ciò che piace è necessariamente bello. Vi è un esempio chiaro nei Problemi, quando distingue il piacere dell'attrazione sessuale da quello propriamente estetico. La prima si risolve nell'abito del desiderio fruitivo, la seconda è invece considerata come godimento che consegue ad una contemplazione [42].

E' anticipato in Aristotele ciò che sarà poi il termine definitorio della bellezza nel suo concetto. E cioè, che belle sono quelle cose che piacciono, non nell'ordine del desiderio, ma nell'ordine della contemplazione. Tuttavia, anche Aristotele non lascia la definizione nel suo concetto puro. La definizione concettuale è immediatamente rielaborata in una tesi che è teoria. La teoria dell'ordine, simmetria e definito rielabora il concetto e la definizione della bellezza si impanna nei presupposti. E così che la bellezza, definita nella sua capacità di generare godimento contemplativo, è pensata con delle condizioni che ne allargano la comprensione dei termini, restringendone la estensione. Per Aristotele bello non è più solo ciò che semplicemente piace per la sua capacità di piacere. Aristotele aggiungerà la sua versione, secondo la quale la capacità di piacere l'avranno solo quelle opere che si esprimeranno nelle forme dell'ordine, della simmetria e del definito[43].

Si tratta dunque di proprietà oggettive, anche se, per essere manifeste, dovranno essere colte da una facoltà percettiva. La bellezza non ha dunque provenienza che dalla costituzione immanente delle cose. E' una proprietà delle cose e, come tale, è costitutiva delle cose stesse, anche se nell'ordine delle categorie accidentali. Si tratta infatti di connotazione non essenziale, cioè non tendente di per sé alla costituzione essenziale, ma certamente partecipe della definizione reale della cosa. Una scultura o un dipinto, per esempio, non saranno essenzialmente definibili dalla loro bellezza. Ma la bellezza li definirà nel loro ordine accidentale, quando li costituirà nell'ordine, nella simmetria e nella misura.

Dopo di Aristotele, le condizioni determinanti dell'ordine, della simmetria e del definito costituiranno gli elementi connotativi della bellezza per l'intero arco dei secoli seguenti, specialmente dell'estetica medioevale. Saranno gli elementi ritenuti essenziali per la determinazione di ogni bellezza e costituiranno quella che la storia dell'estetica di W. Tatarkiewicz denominerà la Grande Teoria.

Anzitutto la bellezza si rileva nell'ordine.

Un'opera d'arte, per essere bella, non può che essere ordinata. E' la prima condizione che Aristotele riscontra nelle cose belle.

Si tratta di ordine estetico inteso come attitudine a manifestare ciò che si vuole esprimere perchè generi godimento. Non si tratta di un ordine spaziale o di una semplice simmetria. Se un dipinto vorrà, per esempio, farci godere la descrizione di una tempesta, le linee narrative saranno nel disordine, ma il dipinto sarà ugualmente bello se quelle linee disordinate saranno ordinate ad esprimere la tempesta. Si tratta, come si vede, di un ordine funzionale alla esposizione di un preciso contenuto. Aristotele parla di "ordinata disposizione delle parti" nel tutto o nell'intero dell'opera d'arte, sia che si tratti del tutto-intero di un animale in quanto organismo vivente in cui le parti si differenziano nella loro struttura anatomica e nella loro funzione fisiologica ed insieme si integrano in vista di un unico risultato finale, che è la vita[44], sia che si tratti di ogni altra cosa costituita di parti.

Con l'istanza dell'ordine portata all'interno della definizione del bello, Aristotele ha certamente allargata la comprensione del concetto del bello, poiché vuole che esso postuli l'ordinata disposizione delle parti nel tutto dell'opera bella, ché altrimenti bella non sarebbe. Ma se si penetra in profondità il discorso di Aristotele, si capisce di quanta novità si arricchisce la stessa nozione del bello.

Aristotele sa che il concetto della bellezza è contenuto nel suo genere e nella sua differenza specifica: bello è infatti ciò che piace. Ma l'esperienza, che si ha della bellezza e che antecede il concetto che se ne formula, convince Aristotele che in ogni cosa bella vi è ordine delle parti o, per meglio dire, ordinazione delle parti nell'intero. E che ove tale ordinazione funzionale delle parti nell'intero dell'opera manca, il bello non c'è e la cosa è sempre vista come difettosa e sgradevole.

Quella di Aristotele è una constatazione che ricava dall'esperienza delle cose composte e per niente una pregiudiziale arbitraria. Se l'ordine diventa, per Aristotele, un'apposizione categoriale della bellezza necessaria per definirla, significa che l'ordinazione delle parti nel tutto diventa elemento definitorio della bellezza stessa, e pertanto entra di proposito alla costituzione del suo concetto

L'ordine, secondo Aristotele, entra come nota definitoria della bellezza. Ma non come ciò che piace, ma come ciò per cui l'oggetto piace. A generare il piacere è sempre l'oggetto di percezione, e pertanto la bellezza essenziale resta dell'oggetto.

Non solo l'ordinazione delle parti. Anche la dimensione non casuale Aristotele ritiene che costituisca un proprium della bellezza, e perciò non potrebbe essere bello né un animale piccolissimo, perchè la visione si confonde attuandosi in un tempo pressoché impercettibile, né uno grandissimo, perché la visione non si attua tutta insieme e per chi guarda vengono a mancare dalla visione l'unità e la totalità, come se per esempio fosse un animale di diecimila stadi. Dimodoché, come per i corpi inanimati e gli animali deve esserci una grandezza, ma che sia facile ad abbracciarsi con lo sguardo, così anche per i racconti deve esserci una lunghezza, ma che sia facile ad abbracciarsi con la memoria [45].

E' il testo aristotelico più interessante dell'intera Poetica.

Sono poste le premesse tematiche e problematiche di tutta la storia dell'estetica, del bello e dell'arte.

1°- Il bello è ciò che piace nelle cose, sia della natura che dell'arte. Infatti è bello un animale come organismo vivente, ma è anche bello ciò che pur non essendo vivente è strutturato nelle sue parti. L'oggettività del bello è un fatto constatabile. La bellezza è dell'oggetto. E nelle cose ed è delle cose.

2° - Bello è solo ciò che è ordinato nelle sue parti, ciò che ha un'ordinata disposizione delle parti nell'intero.

Non si tratta tuttavia di un ordine sistematico e geometrico. Si tratta di un ordine in cui le parti sono disposte per la significazione del tutto. L'ordine è disposizione significativa. Le cose belle non lo sono perché rivelano un ordine. Infatti anche le cose disordinate possono essere belle, quando sono ordinatamente disordinate, così come se il modello dell'imitazione sia una persona incoerente e si sia supposto un tale carattere, deve essere coerentemente incoerente [46].

E' ovvio che la mancata disposizione delle parti che non si dispongono alla significazione del tutto, creano disturbo non solo logico ma anche percettivo. E' in questo senso che le cose dis-ordinate non sono belle.

3° - Anche la dimensione o la grandezza non casuale è, un proprium della bellezza. Non perchè la grandezza è vista nell'ordine della sproporzione o del disordine, ma perchè impedisce la possibilità percettiva. Infatti per un oggetto piccolissimo la visione si confonde attuandosi in un tempo pressoché impercettibile , in modo che la visione si confonde.

Confonde nel senso etimologico del fondersi insieme; si ha allora unità, ma non più la molteplicità, com'è del punto nello spazio e dell'istante nel tempo [47].

Ma non è bello neanche un oggetto grandissimo, perché non consente la possibilità percettiva della totalità e dell'insieme unitario, come se per esempio fosse un animale di diecimila stadi.

La grandezza dovrà essere tale che sia facile ad abbracciarsi con lo sguardo . E ciò vale non solo per gli oggetti visibili, ma anche per i racconti. Per i quali la lunghezza "sia facile ad abbracciarsi con la memoria".

Si è parlato della valutazione oggettiva del bello. Ma la novità sorprendente del testo aristotelico è altra. Si rileva anche il fatto che il bello oggettivo non esisterebbe senza una facoltà percettiva. E' che la bellezza, anche se oggettiva, nel senso che è della cosa e nella cosa, è un fenomeno che si rivela solo in una capacità percettiva. Mancando tale capacità percettiva, la bellezza non solo non sarebbe percepibile, ma risulterebbe di fatto inesistente. Infatti è nella percezione che la bellezza si fa presente, e senza di essa l'oggetto bello è privato della minima condizione della sua definibilità, che è appunto il godimento estetico.

Anche in questo caso San Tommaso sarà fedelmente aristotelico. Quando infatti vorrà definire la bellezza nella sua costituzione metafisica, scriverà che "pulchrum est id cuius ipsa apprehensio placet" , riproponendo la teoria aristotelica dell'oggettività del bello e rimarcandone nel contempo il necessario riferimento all'apporto soggettivo della conoscenza.

Kant negherà l'oggettività della bellezza. Sarà il primo, insieme a David Hume, che nella storia dell'estetica darà fondazione al soggettivismo estetico. Egli riterrà che non vi siano elementi filosofici per ritenere che la bellezza sia una proprietà, un proprium dell'oggetto. Riterrà invece che la bellezza è a-priori ed incondizionata dall'esperienza, e se pure si coglie come fatto di esperienza, la bellezza è il risultato di un giudizio riflettente. Non è un proprium dell'oggetto. Essa riflette dall'esperienza, ma in realtà è riflessione di un giudizio. Di un giudizio che non è di ordine conoscitivo ma di gusto, e che è posto non dall'intelletto o dalla ragione ma dal sentimento.

La posizione kantiana rivoluzionerà la teoria della bellezza e dell'arte sostenuta nell'antichità e per tutto il medioevo. Da tale posizioni sorgeranno in seguito le varie teorie dell'idealismo estetico e di quelle a noi contemporanee. Ma anche a voler dare atto del valore straordinario della novità rivoluzionaria di Kant portata nel campo dell'estetica, resta il fatto che poche sono le critiche estetiche sulle opere d'arte che nella sostanza si scostano dalle premesse aristoteliche e che, quando si percepisce il bello, la teoria aristotelica del realismo estetico, se non è ancora nel comune consenso dei filosofi esteti, è certamente nel modo comune di utilizzarla.

Insieme all'ordine e alla grandezza, categorie della bellezza, di cui si parla nella Poetica e nella Politica, Aristotele sostiene nella Metafisica (1078b) che un'altra proprietà entra nella costituzione della bellezza. Si tratta della proporzione. Mentre il concetto di ordine è legato alla disposizione, la simmetria è legata a quello di proporzione delle parti. La disposizione della parti nell'intero è quella che in seguito sarà chiamata forma estetica, niente affatto riferibile a ciò che Aristotele chiamava "forma", che era un concetto puramente metafisico, che riferiva piuttosto la essenza della cosa. La proporzione invece, o symmetria, è un termine greco che indica la stessa disposizione delle parti, ma vista sotto l'aspetto dell'armonia nella quale si dispongono le stesse parti ordinate. Non ha senso geometrico. Ci sono infatti dei rilievi di bellezza che prescindono dall'ordine geometrico e non riconducibili a dimensioni visive. Anche la bella musica non si esprime in dimensione geometrica, e tuttavia possiede una propria simmetria. Marco Vitruvio, del I secolo d.C., definisce la simmetria come il conveniente accordo delle parti dell'opera stessa [48].

La simmetria suppone ovviamente la disposizione della parti dell'intero dell'opera. Ma se ogni opera dovrà avere la disposizione ordinata della parti come condizione della bellezza, è anche vero che non ogni cosa ordinata è necessariamente bella. Si richiede che la disposizione si accompagni alla proporzione delle parti, in modo che la stessa disposizione o ordine risulti armoniosa, nel senso che gli elementi compositivi della cosa bella siano talmente proporzionati fra loro da provocare il piacere estetico. La simmetria è dunque un concetto puramente estetico. Si tratta di una proprietà oggettiva che è delle cose e nelle cose belle, che condiziona e provoca il godimento.

In quanto tale, la simmetria è capace di generare estasi o godimento estetico. In questo senso è accostabile all'altro concetto di eurytmia che, in sé, non ha riferimento alla proporzione delle parti, ma riferisce piuttosto lo stato di inesione interiore del soggetto spettatore. L'euritmìa si avverte piuttosto come stato d'animo, anche se a generarlo resta sempre l'armonia che proviene dall'ordine e simmetria delle cose.

Un'ultima categoria o proprietà della bellezza è quella che Aristotele definisce il definito. Può anche essere tradotto con misura.

Mentre la simmetria richiama piuttosto l'idea della proporzione delle parti, il definito o la misura richiama l'idea della grandezza definita. Il contrario sarebbe allora l'indefinito, l'incompleto, il non percepibile, il confuso o indeterminato.

E ovvio che ciò che Aristotele chiama definito non va inteso nel senso letterale di opera compiuta, e perciò portata a termine di lavorazione. Il definito ha anch'esso significato estetico. Si tratta cioè di un'opera che abbia già sufficiente de-finizione, tale da ritenersi compiuta. Non confusa ed indeterminata, ma tale da riuscire ad essere percepibile nel suo senso o significato. Per esemplificare, pensiamo di non forzare il pensiero aristotelico, se accostiamo il senso del definito alla compiutezza artistica che troviamo ne I Prigioni di Michelangelo, incompleti sotto l'aspetto scultoreo, e tuttavia compiuti sotto l'aspetto dell'espressione artistica. O anche l' Incompiuta di Schubert, incompleta nella struttura musicale della sinfonia, ma compiuta come opera d'arte.

Dobbiamo concludere che, secondo la teoria aristotelica, a rendere possibile la bellezza in una cosa è l'informazione che la cosa stessa possiede della proprietà dell'ordine, della simmetria e della compiutezza. Tali elementi oggettivi costituiscono le condizioni della bellezza.

Sono delle oggettive condizioni, e come tali, sono proprietà necessarie, senza delle quali alle cose manca la godibilità estetica. Non definiscono la bellezza nella sua nozione. E tuttavia entrano nella costituzione della bellezza in modo che, senza di esse, la bellezza non è percepibile.

L'ordine, la simmetria e il definito operano nell'oggetto la possibilità che esso sia percepito come generatore di gioia e compiacenza, di estasi e godimento estetico.

Quanto afferma Aristotele sulle condizioni che un oggetto deve avere perchè risulti dotato di bellezza, non sono elementi-condizioni che necessariamente entrano nella definizione della bellezza. La bellezza resta nella sua definizione-concetto di "ciò che piace nella sua apprensione", ma Aristotele ritiene anche che, dall'esperienza delle cose, bisogna concludere che le cose belle si esprimono normalmente nell'ordine, simmetria e definizione. Così come ritiene di dover affermare dell'arte per quanto concerne il suo riferimento all'imitazione. E' una sua "teoria" che l'arte nasce dall' "imitazione". Ma non consegue, come altri hanno fatto credere, che Aristotele risolvesse la definizione dell'arte nella imitazione. In effetti, come per la bellezza, anche dell'arte Aristotele non dà alcuna esplicita definizione specifica. La sua Poetica inizia dicendo che dell'arte poetica in sé considerata e delle sue specie, quale affetto abbia ciascuna, come si debbano costruire i racconti se la poesia abbia da riuscire bene, ed ancora da quanti e quali parti è costituita e similmente di quante altre questioni son proprie di questa ricerca, diremo incominciando secondo l'ordine naturale dapprima dalle prime [49].

La Poetica è un'opera didattica. Non è una riflessione sull'arte e sulla bellezza e, pertanto, è ovvio che Aristotele non è impegnato alla formulazione delle "definizioni" che egli sembra già possedere implicite, sia della bellezza che dell'arte. E' un'opera didattica, e perciò Aristotele riporta nella sua Poetica, ciò che egli ritiene di aver colto dall'osservazione. E cioè che quando gli uomini danno origine alle opere d'arte, di qualsiasi specie esse siano, sono spinti dal bisogno dell'imitazione, e tale bisogno egli ritiene essere un bisogno della "natura umana".

In generale due sembrano essere le cause che hanno dato origine all'arte poetica, e tutte due naturali.

Ed infatti in primo luogo l'imitare è connaturato agli uomini fin da bambini, ed in questo l'uomo si differenzia dagli altri animali perché quello più proclive ad imitare e perché i primi insegnamenti se li procaccia per mezzo dell'imitazione; ed in secondo luogo tutti si rallegrano delle cose imitate. Prova ne è quello che avviene in pratica, giacché le cose che vediamo con disgusto le guardiamo invece con piacere nelle immagini quanto più siano rese con esattezza, come ad esempio le forme delle bestie più ripugnanti e dei cadaveri. La ragione poi di questo fatto è che l'apprendere riesce piacevolissimo non soltanto ai filosofi ma anche agli altri, per quanto poco ne possono partecipare. Per questo infatti si rallegrano nel vedere le immagini, perchè succede che a guardarle apprendono e ci ragionano sopra riconoscendo ad esempio chi è la persona trattata; se poi capita che non sia stata vista prima, non sarà in quanto cosa imitata che procura il piacere ma per l'esecuzione, per il colore o per un altro motivo di questo genere [50].

La più semplice e la più ovvia delle ermeneutiche portate sul passo citato, ci dice chiaramente quanto Aristotele sia lontano dalla volontà di rendere l'imitazione termine definitorio dell'arte. L'imitazione è invece posta all'origine della produzione artistica; è ritenuta piuttosto come causa finale dell'arte. Ma niente ci induce a concludere che per Aristotele l'arte sia imitazione ed includa la imitazione nei termini definitori dell'arte. Aristotele ci dice che chiunque opera e produce, è sempre mosso dal bisogno di imitare. I pittori imitano rappresentando con i colori, gli scultori con le figure, e gli uni e gli altri imitano o perchè hanno doti naturali o perchè si son procurato capacità attraverso la scienza dell'apprendimento. Infatti: L'arte si genera quando da molte osservazioni di esperienza, si forma un giudizio generale ed unico riferibile a tutti i casi simili [51].

Ora, si può certamente non condividere l'assolutizzazione dell'imitazione come causa finale di ogni opera d'arte. Ma non vi è dubbio che riesce difficile persuadere che Aristotele, definendo l'arte, abbia ritenuto che l'imitazione fosse elemento definitore essenziale dell'arte. In realtà Aristotele ha chiara la persuasione che l'arte, l'arte non del fruibile ma del godibile, non quella dell'utile ma quella che induce alla contemplazione, è legata essenzialmente alla bellezza più che all'imitazione. Ed è arte "estetica" non perchécomunque imita, ma perché genera piacere, cioè produce bellezza. Non è perciò Aristotele che, introducendo il concetto di imitazione, ha ristretto l'estensione del concetto di arte o ne ha compromesso la comprensione dei termini definitori.

II ANTINOMIA

OGGETTIVITA' E SOGGETTIVITA' DELLA BELLEZZA[52]

L'ISTANZA DEL CONCETTO DELLA BELLEZZA IN SOCRATE

La bellezza che ammiriamo nelle cose, è una qualità oggettiva delle stesse cose belle, o è piuttosto una interpretazione soggettiva di chi le osserva?

E' la prima antinomia a cui è chiamata a rispondere la teoria estetica. L'Interrogativo si riferisce ad ogni genere di bellezza. Sia alla bellezza che rileviamo nella natura, sia a quella che ammiriamo nelle opere d'arte dell'uomo.

Domanda che, sin dalle origine del pensiero filosofico-estetico, è stata così proposta:

"Una cosa è bella perché piace o piace perché è bella?"

La domanda fu posta già da Aristotele. Fu riproposta da sant'Agostino e ripensata da Kant. In Aristotele ed in Agostino la risposta fu in favore dell'oggettività; nei Sofisti, in Cartesio e in Kant fu decisamente in favore della soggettività.

E' interessante notare come un problema estetico così rilevante sia stato avvertito e discusso già agli inizi del pensiero filosofico. E' per questo che a noi sembra strano che alcuni storici e filosofi impegnati nella definizione dell'estetica, abbiano ritenuto che, quanto fu teorizzato nell'antichità e nel medioevo, appartenga non alla storia, ma alla preistoria dell'estetica.[53].

La bellezza "soggettiva".

Riflettendo sull'antinomia della natura oggettiva o soggettiva della bellezza, è necessario premettere una necessaria expositio terminorum, affinché il tema-problema sia posto e compreso nei suoi giusti termini.

La oggettività o soggettività della bellezza va compresa nei termini in cui ne parlano quanti trattano la questione stessa. La quale era già sottoposta a discussione dai tempi dei sofisti greci. I quali facevano notare che una cosa ritenuta bella in Atena, poteva non essere ritenuta tale in Sparta; che, nella stessa Atena, ad alcuni una cosa poteva suscitare diletto e ad altri indifferenza; e, aggiungiamo noi, una cosa che ci diletta oggi, può anche non dilettarci, o può disgustarci, domani.

E' questa esperienza che fa concludere a tanti che la bellezza è soggettiva: "non piace perché è bella, ma è bella perché piace". Non solo. Ma è anche questo modo differente di giudicare le cose (in differenti culture e tempi, in diverse persone nella stessa cultura, in differenti tempi per la stessa persona) che induce a ritenere che, ciò che si ritiene bello non è perché lo sia in sé, ma perchè il soggetto che lo ritiene tale. Infatti si preferisce dire: "Per me, quell'opera è bella"; o, altrimenti, "Per me quell'opera è insignificante, non bella, o anche decisamente brutta". Modo di dire che viene riproposto nell'assioma "De gustibus non est disputandum". Assioma che divenne il punto di forza di David Hume, di cui si servì per sostenere la tesi soggettivista sulla bellezza.

Il filosofo che più di ogni altro sposò la tesi della radicale soggettività della bellezza fu Kant. Il quale, anche nel problema estetico, operò una vera rivoluzione copernicana, così come l'aveva già operata in confronto della Metafisica greca e medioevale. Dopo Kant, la tesi oggettivista, sostenuta da tutta la tradizione filosofica fino all'Ottocento, sì da costituire, come dirà Tatarkiewicz, la Grande Teoria, cederà il predominio alla tesi soggettivista, che sarà di tutta la filosofia romantico-idealista, fino ai nostri giorni.

La bellezza "oggettiva".

Quelli che ritengono che la bellezza sia della cosa ed è nelle cose, che è proprietà dell'oggetto, affermano l'indole oggettiva della bellezza.I filosofi che ritennero la bellezza proprietà oggettiva delle cose belle, alla domanda se la cosa fosse bella perché piaceva o se piaceva perché fosse bella, rispondevano ovviamente:

"La cosa non è bella perché piace, ma piace perché è bella".

La bellezza è perciò ritenuta una proprietà oggettiva delle cose belle. Quando si afferma che una cosa è bella, si ritiene che essa piace perché possiede delle qualità dispositive indipendenti dal soggetto che ne prova godimento. Ché, anzi, tale godimento non sarebbe possibile, se l'oggetto, di cui si gode la percezione, non possedesse tale qualità.

Fra i primi filosofi, che sostennero la tesi della oggettività della bellezza, ci furono Socrate, Platone e soprattutto Aristotele. Il quale, come vedremo, annotò anche quali fossero, a suo parere, le condizioni oggettive per le quali un oggetto risulta bello. Da Socrate in poi, la tesi oggettivista della bellezza, sarà fatta propria dalla filosofia greca, e quindi affermata e riconsiderata dal pensiero medioevale e rinascimentale, fino Kant. Nel corso dei secoli, che vanno da Socrate a Kant, l'indole oggettiva della bellezza non troverà dissenso. La bellezza resterà una proprietà dell'oggetto. Aristotele, con una asserzione lapidaria dirà che, se non è una cosa in sé o idea in sé come la voleva Platone, è tuttavia della cosa. "Non est ens, sed entis".

La bellezza elevata a livello di concetto.

Riflettendo sulla questione della oggettività o soggettività della bellezza, si è ritenuto necessario una explicatio terminorum, cioè una comune assunzione dei termini, nei quali la questione stessa dovesse essere posta, perché se ne avesse una giusta comprensione. Si è brevemente chiarito il senso in cui va intesa la natura oggettiva o soggettiva della bellezza. Ma la questione circa la soggettività o oggettività del bello è stata resa possibile perché, sin dalle origini, non si è cercato di pervenire ad una definizione concettuale della bellezza stessa. Mancando una definizione concettuale della bellezza, tutte le antinomie, che saranno riscontrate nella scienza dell'estetica, non troveranno soluzione. Mancata soluzione che, specialmente ai nostri tempi, si è fatta veramente pregiudizievole, perché, non si sa per quale sorta di somma sventura, il pensiero debole si è esteso anche alla scienza dell'estetica, fino a negare la possibilità stessa che del bello, così come dell'arte, ci possa essere una definizione o se ne possa avere un concetto.

Non è in questo capitolo che affronteremo la questione della definizione concettuale della bellezza. Qui rileviamo tuttavia che, senza pervenire ad una definizione del concetto di bellezza, tutta l'estetica è compromessa e che, per qualsiasi soluzione sulle antinomie che noi esamineremo, non c'è speranza che si trovi una chiave di soluzione.

Il problema della definibilità concettuale della bellezza fu per la prima volta affrontato da Socrate, nel tentativo di porre termine al relativismo estetico dei sofisti.

Il vero problema estetico inizia con la domanda socratica:

ti esti tò kalòn = che cosa è la bellezza?

La bellezza, che pure sperimentiamo nel godimento della percezione, per Socrate, la si vuole definita, perché si sappia cosa sia in sé, in termini tali e talmente generali che in essa possa ritrovarsi ogni ulteriore determinazione delle singole realtà belle.

Poiché attinge il senso generale della bellezza, la domanda socratica "cosa è", ha il suo primo richiamo metafisico. Si tratta infatti dell'implicita ammissione che è in ragione di un simile concetto astratto ed universale che è a noi possibile spiegarci perché la bellezza si addice alla belle fanciulle e ai bei cavalli, ai bei vasi e agli strumenti musicali, ma anche alle melodie, alle sculture e ai dipinti, alle leggi e alla saggezza, alla prudenza e alla giustizia, ed infine all'anima e alla virtù. Non solo. Mai si potrà concludere sull'indole oggettiva o soggettiva della bellezza, se della bellezza stessa non si ha un concetto, cioè non si sa cosa sia. Socrate concluderà, al termine del Simposio di Platone, che, in verità, è molto difficile pervenire ad una definizione. Infatti egli non la darà. Ma è importante che egli abbia colto la necessità della definizione, perché della bellezza non si parli senza costrutto. Resta però la sua propensione a ritenere che la bellezza è delle cose ed è nelle cose. L'oggettività della bellezza è per Socrate un punto di partenza assodato.

RELATIVISMO SOGGETTIVISTA DEI SOFISTI

Socrate ritiene che la bellezza sia una categoria oggettiva delle cose, in quanto è delle cose ed è nelle cose. Tuttavia egli la riterrà un concetto relativo. Infatti riterrà bello un oggetto solo se la sua bellezza sarà compresa nella sua utilità e funzionalità. Per Socrate infatti, uno scudo elaborato e fregiato di oro non sarà mai bello, per il fatto che lo scudo serve alla battaglia e non all'ammirazione delle sue forme.

Altra cosa è invece il relativismo soggettivo dei sofisti che, per primi, discussero il valore del giudizio estetico sulle cose.

I sofisti, spostando l'interesse della filosofia dai problemi cosmologici a quelli antropologici, non solo valorizzarono l'uomo, ma lo dichiararono metro di valore di ogni cosa, sia sul piano conoscitivo che etico-morale.

Che l'uomo fosse "la misura di tutte le cose", teoria che fu della sofistica ed enunciata da Protagora, non è solo un principio applicabile ai valori etici del comportamento umano. Era anche un principio orientativo del valore della conoscenza. Il quale smontava l'assolutezza della verità ed introduceva il valore soggettivo relativistico del giudizio.

Soggettivismo relativista che essi riproponevano anche nel giudizio estetico, relativo sia alla bellezza che all'arte. I sofisti furono i primi ad indicare le antinomie proprie dell'estetica, notando le contrapposizioni fra arte e natura, arte utile e arte piacevole, forma e contenuto nell'opera d'arte, doti artistiche innate e capacità di formazione. Ad essi è attribuita la prima definizione approssimativa della bellezza, quando affermano, nell'Ippia Maggiore di Platone, che il bello consiste in ciò che, mediante l'udito e la vista, è piacevole . Definizione che, se letta nel senso proprio della sofistica, trova il limite del riferimento che essa fa alla vista e all'udito; riferimento che introduce appunto la condizione del relativismo e soggettivismo estetico.

Il riferimento ai sensi della vista e dell'udito rientrano, per la sofistica, nella teoria del sensismo conoscitivo, che diventa premessa del relativismo e soggettivismo della conoscenza.

Il filosofo Epicarmo scrive che il cane sembra al cane la creatura più bella e il bove al bove, l'asino per l'asino è il massimo della bellezza, e il porco per il porco.[54] Il giudizio di Epicarmo, per altro senso, ricalca quello che affermava Senofane a proposito dell'idea antropomorfica che gli uomini si fanno degli dei, quando dice che se gli stessi animali, nella varietà della loro specie, avessero le mani e capacità di dipingere, essi dipingerebbero gli dei facendoli simili a sé, il cavallo simile ad un cavallo, il bue simile ai buoi e darebbero agli dei lo stesso corpo che essi stessi hanno.[55]

A parte il giudizio critico che si possa dare su simili esemplificazioni ed analogie, esse rientrano tutte nel relativismo e soggettivismo, che scaturisce dal significato che viene dato dalla sofistica. Per la quale di ogni cosa, e perciò anche dei giudizi estetici, l'uomo resta misurazione e misura. Infatti, per la sofistica, non si tratta più del relativismo socratico, cioè della relazione ad un fine che ogni cosa debba manifestare per essere bella. Relativismo ha qui un significato proprio, e nella fattispecie dice che un giudizio assoluto non è possibile proprio perché l'oggettività non può imporsi a dei soggetti, ognuno dei quali è metro e misura di ogni valore.

Il relativismo sofista accosta il soggettivismo ed in certo modo lo spiega. E pertanto, come il relativismo etico dice che un'azione onesta sentita come tale a Sparta può essere ritenuta non onesta ad Atene, così un giudizio di valore estetico dato da una persona, può essere dato come giudizio di disvalore da un'altra. Ed è quindi possibile che su di un dato oggetto possano riferirsi giudizi soggettivi contrastanti, differenti e diversi.

Il soggettivismo dei sofisti si ripropone anche ai nostri tempi ed ogni qual volta si procede ad un giudizio estetico. Anche ai nostri tempi si ritiene che il giudizio di valore estetico resta soggettivo, legato alle varie culture, alle varie sensibilità, alle varie condizioni ed ideologie, alle età ed etnie. E pertanto un dipinto espressionista piace a chi, dell'espressionismo, ne ha compreso lo spirito; non piacerà invece a chi ritiene che lo stesso movimento espressionista sia pervaso da un moto refrattario e protestatario verso qualsiasi tipo di arte che non sia infrazione e protesta. E perciò dipenderà dal preconcetto che si ha sul valore della stessa protesta ed infrazione. Ma il fatto che un'opera d'arte possa piacere o non piacere nello stesso tempo e sotto le medesime condizioni a distinte e più persone; che possa piacere ad alcuni e non piacere ad altri; che alla stessa persona possa non piacere oggi ciò che piaceva ieri, afferma dell'indole soggettiva del giudizio di valore estetico, ma non afferma che dove c'è e quando la si nota, la bellezza non sia costitutiva dell'oggetto e, perciò, proprietà oggettiva. Tutto questo per dire che se vi é del soggettivismo nella posizione dei sofisti, si tratta di un relativismo e soggettivismo niente affatto radicale. Si tratta infatti di soggettivismo "relativo" che, di per sé, non nega la condizione oggettiva della bellezza, così come è in Socrate, in Platone, in Aristotele, e lo sarà per l'intera speculazione estetica della filosofia, fino a Kant. Tant'è vero che Socrate, i sofisti e lo stesso Aristotele, quando vorranno stabilire le condizioni perché una realtà sia informata di bellezza, useranno le stesse categorie oggettive, e cioè l'udibile ed il visibile per i sofisti, l'utilità relativa allo scopo, l'armonia o decoro per Socrate, l'ordine-proporzione-misura per Aristotele.

SOGGETTIVITA' ED OGGETTIVITA' NELL'ESTETICA IN ARISTOTELE E TOMMASO D'AQUINO

L'antinomia estetica fra soggettività ed oggettività della bellezza non sarà un tema privilegiato in Aristotele. Il tema non è per Aristotele un problema.

Nella sua estetica, Aristotele sarà fedele al suo realismo, all'esperienza e al principio di trarre le definizione mediante il processo d'astrazione dalle cose dell'esperienza. L'aderenza all'esperienza della bellezza, specialmente a quella che si rivela nelle opere della natura, farà ritenere ad Aristotele che l'oggetto piace perché è bello e non è invece bello perché piace.

Aristotele non ha una definizione precisa della bellezza, che, peraltro, è trattata occasionalmente ed in funzione dell'arte. Tuttavia, anche se non chiaramente definita, la nozione della bellezza artistica è presente in Aristotele, specialmente nella Poetica, dove si parla delle condizioni dell'ordine o disposizione delle parti, della proporzione e de finizione, che egli ritiene costitutive della bellezza stessa.

In termini più elaborati, Aristotele parla della bellezza nella Retorica, 1366a 33. Lì Aristotele stabilisce i due elementi costitutivi:

1°- il valore in sé della bellezza.

2°- l'elemento specifico del piacere.

La bellezza è una proprietà oggettiva della cosa. E' della cosa ed è nella cosa. Ma, per Aristotele, è una oggettività condizionata, perché, per manifestarsi, necessita di essere rilevata in una percezione. E', per così dire, in fase potenziale. Ma, per manifestarsi, necessita di una capacità percettiva che la riconosca. Infatti per piacere, che è poi la finalità propria della bellezza, ci vuole una facoltà percettiva a cui l'oggetto debba piacere, e che sia capace di avvertire il godimento. La bellezza resta una qualità oggettiva della cosa bella, ma è anche una oggettività che se non fosse avvertita da una facoltà percettiva, da una intelligenza in grado di coglierla, essa non avrebbe rilievo e pertanto non potrebbe essere una bellezza in sé costituita. Il che significa ancora che, se la bellezza è una proprietà oggettiva della cosa, il rilievo del piacere estetico entra nella definizione stessa della bellezza.

Lo storico della filosofia estetica, W. Tatarkiewicz scrive che Aristotele fonda la sua definizione su due proprietà. In primo luogo, egli considera la bellezza come qualche cosa che ha valore in se stessa e non per i suoi effetti. In secondo luogo, egli la considera qualche cosa che procura piacere, e cioè non solo possiede valore, ma grazie a ciò procura godimento e genera ammirazione. La prima proprietà (= valida in se stessa) costituisce il genus, la seconda qualità (= piacevole) la differentia della bellezza [56].

La novità introdotta da Aristotele consiste precisamente nel fatto che egli ha reso concetto, espresso mediante genere e differenza, quella che era l'istanza socratica di pervenire ad una definizione della bellezza talmente universale da potersi riferire a qualsiasi realtà bella, al fiore come alla cavalla, al poema tragico come al discorso persuasivo, alla rappresentazione pittorica come alla costruzione architettonica, alla musica come al ritmo della danza. Ma l'apporto della "soggettività" proposto da Aristotele non si limita al fatto che per il rilievo della bellezza oggettiva si necessita della capacità percettiva soggettiva. Nella teoria aristotelica, l'apporto soggettivo della percezione gioca anche un ruolo fortemente condizionante ed anche costitutivo della bellezza stessa. Cioè, la cosa bella è nella stessa capacità percettiva che l'avverte. E pertanto ciò che è bello, sia un animale sia ogni altra cosa costituita di parti, deve avere non solo queste parti ordinate al loro posto, ma anche una grandezza che non sia causale; il bello infatti sta nella grandezza e nell'ordinata disposizione delle parti, e perciò non potrebbe essere bello né un animale piccolissimo, (perché la visione si confonde attuandosi in un tempo pressoché impercettibile) né uno grandissimo (perché la visione non si attua tutta insieme e per chi guarda vengono a mancare dalla visione l'unità e la totalità) come per esempio fosse un animale di diecimila stadi. Dimodoché, come per i corpi inanimati e gli animali deve esserci sì una grandezza, ma che sia facile ad abbracciarsi con lo sguardo, così anche per i racconti deve esserci una lunghezza, ma che sia facile ad abbracciarsi dalla memoria .

La citazione è presa dalla Poetica 7, 1450b, in cui Aristotele tratta dell'arte in modo sistematico. E perciò, è anche il luogo in cui la definizione della bellezza è nel contesto della considerazione dell'arte. Si tratta dunque di un'ulteriore riflessione sulla definizione dell'arte operata nella Retorica, in cui il bello è considerato nei suoi termini definitori concettuali ed essenziali, cioè nel genere e differenza in cui si specifica.

Si accennava alla necessità della percezione soggettiva in cui avviene la compiacenza ed il godimento. Nella Poetica la dinamica dell'apporto soggettivo viene ulteriormente specificato. Non solo l'oggetto bello deve avere le parti ordinate alla significazione dell'oggetto. La sua grandezza o piccolezza dimensionale deve essere tale da rendere possibile la percezione. Un oggetto talmente piccolo da sfuggire alla possibilità di percezione non può essere bello. Infatti la sua visione si attuerebbe in un tempo impercettibile. Così come, un oggetto talmente grande da sfuggire alla possibilità della percezione unitaria, non sarebbe anch'esso bello. L'uno e l'altro poi farebbero mancare alla visione percettiva la loro unità e totalità.

L'esemplificazione di Aristotele non è importante per i riferimenti esemplari che egli porta, né per le annotazioni sull'unità e totalità della visione che comunque mancherebbe. L'importante sta nel rilievo indicato da Aristotele sulla necessità della conoscenza percettiva, perché si abbia il fenomeno del rilievo della bellezza. Perché lì dove questa non fosse possibile, il bello non solo non sarebbe percepito, ma di fatto non esisterebbe. Il che introduce un reale problema alla comprensione della definizione estetica della bellezza. Problema che investirà l'intera storia dell'estetica, fino ai nostri giorni.

Il rilievo di Aristotele ci fa inoltre capire come il problema della soggettività ed oggettività della bellezza non è semplice e di semplice soluzione. E' un problema che si risolve in una elaborazione di pensiero che valga, anzitutto, a persuaderci che la domanda posta sull'oggettività o soggettività della bellezza non può partire dalla semplificazione della proposizione intesa a sapere se il bello sia oggettivo o soggettivo. E' la stessa domanda che deve aver coscienza d'essere complessa, e che pertanto non ci sono soluzioni facili per problemi difficili.

Con la dichiarazione della difficoltà del problema, pensiamo di aver acquisito alcune certezze sul pensiero estetico di Aristotele. La prima delle quali concerne la sua fede nell'oggettività della bellezza, la quale è nell'oggetto ed è dell'oggetto. Tale bellezza non ha valore sostanziale, non è cioè una proprietà trascendentale della sostanza. Si tratta di una qualità oggettiva e dispositiva dell'oggetto. Qualità dispositiva, abito dell'oggetto che dispone la facoltà percettiva al piacere e godimento.

Come si vede, Aristotele non parla di quella banale soggettività ed oggettività che è sempre presente nella domanda di coloro che traggono la loro conclusione dal giudizio di gusto. La soggettività e oggettività in Aristotele sono termini che hanno senso filosofico ed investono il problema della possibilità percettiva della bellezza. Quindi la sua non potrà essere la risposta che si attende chi domanda perché una cosa può piacere ad alcuni e non piacere ad altri, dispiacere in un tempo e piacere in un altro, a seconda delle disposizioni spirituali.

Intanto ci è possibile rispondere anche a domande siffatte, tenendo fede all'oggettività elaborata da Aristotele. Anzitutto è certo che, sia chi ritiene bello uno oggetto che chi lo stesso oggetto ritiene non bello, confessano la medesima proprietà oggettiva della bellezza. L'uno perché ritiene che essa non sia presente nell'oggetto, l'altro perché ritiene che nell'oggetto essa sia presente. Kant affermava che ogni giudizio di valore estetico si pretende d'indole universale e presente in ognuno che lo formula; e che non vi è chi, giudicando una cosa bella o brutta, supponga che il suo sia un giudizio assolutamente soggettivo e che perciò non debba pretendere ad un universale consenso. Vero è che, nel comune modo di esprimersi, quando si dà il proprio giudizio di valore estetico, si premette che tale giudizio di valore, positivo o negativo, lo si intende sempre dato, secondo il proprio modo di vedere. Ma chi afferma: "per me è bello", così come chi dice: "per me non è bello", intende sempre che, se anche il proprio giudizio non è impegnativo per l'altro, egli crede che il suo giudizio è riferito non ad una opinione ma ad una verità. E pertanto il giudizio contrario lo si ritiene possibile, ma anche errato.

In siffatta prospettazione del problema estetico di Aristotele, si nota quanto sia impropria la separazione netta proposta fra soggettività-oggettività della bellezza. La bellezza è dell'oggetto, ma, per Aristotele, non può fare a meno di essere rilevata in un rapporto conoscitivo.

Soggettività ed oggettività sono termini che hanno ragioni di appartenenza a pari titolo, anche se con differenti significati. Infatti la bellezza oggettiva, come si riterrà dagli scolastici, è fondamentalmente nella cosa e della cosa, ma formalmente è nell'atto percettivo. Perché è proprio nell'atto percettivo che si esprime il piacere ed il godimento. Infatti la cosa bella piace nella sua apprensione, come spiegherà Tommaso d'Aquino.

Tommaso d'Aquino, in sintonia con il realismo aristotelico, porterà a perfezione la definizione della bellezza, stabilita nel rapporto soggettività-oggettività del bello. La sua definizione è quanto di meglio abbia registrato l'estetica antica e contemporanea.

Bello è ciò di cui la stessa apprensione piace (= Pulchrum dicatur id cuius ipsa apprehensio placet).[57]

Definizione che ripropone ed espone quanto in altri termini è detto nella stessa Summa theologiae, I, q. 5, a. 4, ad 1m: " Si dicono belle quelle cose che, percepite, piacciono" (= Pulchra enim dicuntur quae visa placent).

Sia Aristotele che Tommaso convengono che la bellezza è fondamentalmente (fundamentaliter) nella cosa e della cosa. Ma convengono anche che il proprium o lo specifico della bellezza è nell'atto percettivo.

Tommaso sembra che vada oltre lo stesso Aristotele, quando afferma che se la bellezza est id cuius, cioè fondamentalmente è nell'oggetto, formalmente essa risiede nell'atto dell'apprensione (cuius ipsa apprehensio placet). Infatti l'oggetto bello piace, ma ciò che di esso piace in realtà è l'ipsa apprehensio. E' l'apprensione o percezione dell'oggetto. Che è poi la stessa cosa che, in termini analoghi, Tommaso dirà della verità: è fondamentalmente nella cosa, formalmente è nell'intelletto.

COSTITUZIONE ONTOLOGICA DEL BELLO IN PLATONE E IN ALBERTO MAGNO

La prospettazione del relativo complemento fra soggettività ed oggettività, nell'estetica di Aristotele e Tommaso, è diversamente intesa dall'estetica platonica e dalla concezione ontologica della bellezza in Alberto Magno.

Nell'estetica del bello di Platone e di Alberto Magno possiamo ritenere che sia assente la stessa antinomia, in quanto la soggettività viene esclusa dal modo stesso di concepire la bellezza.

In Platone la teoria della bellezza soggiace all'intera impalcatura della sua filosofia sistematica. Vige il più radicale ontologismo idealistico. Si tratta della massima riduzione del problema estetico della bellezza a livello di filosofia metafisica. Socrate aveva presentata l'istanza della definizione e del concetto della bellezza, come premessa a qualsiasi tipo di discorso estetico. Si domandava cosa fosse la bellezza nel suo concetto, per cui chiedeva la formulazione di una definizione. Aristotele, radicato e fedele al suo realismo e partendo dall'esperienza, a posteriori rendeva la bellezza comprensibile nel rapporto oggettività-soggettività: non è bello perché piace, ma piace perché è bello. Platone invece rende idea, cioè ipostatizza, ciò che per Socrate doveva essere definizione e concetto. Platone parla della bellezza come Idea, di una bellezza che è tale in sé. La bellezza è resa ipostasi, ente-bellezza, bellezza universale concepita nella sua essenza, con un proprio spessore ontologico, che è idealmente collocabile in uno statuto iperuranico, niente affatto condizionata da una possibile intellezione o relazione di conoscenza. La bellezza possiede una sua autonoma costituzione ontologica, così come le altre Idee che costellano il mondo dell'Iperuranio, di cui partecipano le cose belle del mondo dell'esperienza.

Nella concezione estetica di Platone, la bellezza non è delle cose e nelle cose dell'esperienza. Se nelle cose e delle cose si avvertono residui di bellezza, non si tratta di una categoria che è propria delle cose. Nelle cose la bellezza è rilevabile per gradi, a seconda del grado di partecipazione della Bellezza in sé. La stessa costituzione ontologica della bellezza, che è quella dell'Idea, mentre rende ideale la bellezza, la rende nel contempo assolutamente oggettiva, a tal punto che non ha necessità di alcun riferimento soggettivo della conoscenza.

Una bellezza di sua natura stupenda, e precisamente quella, o Socrate, per la quale si erano curati tutti i travagli precedenti, quella che è anzitutto eterna, che non diviene e non perisce, non cresce e non scema; e poi che non è bella per un verso e brutta per un altro, né a volte sì e a volte no, né bella rispetto ad una cosa e brutta ad un altra, né qui bella e lì brutta, e bella per alcuni e brutta per altri. Né, per di più, la bellezza prenderà ai suoi occhi la forma come di un volto o di mano o d'alcunché di corporeo, né d'un discorso o di una scienza o di qualcosa sia in un altro, in un animale, poniamo, o in terra o in cielo o dove che sia; ma gli apparirà qual è in sé, uniforme sempre a sé medesima, e tutte le altre cose belle, partecipi di essa in tal modo che , mentre queste altre divengono e periscono, essa non diviene punto né maggiore né minore, e non soffre nulla"[58].

Essenza ideale della bellezza, ma anche radicale oggettivismo, dove la bellezza non è categoria dell'ente o sua proprietà dispositiva.

Si evince, dalla riduzione ad idea del concetto socratico, che la bellezza non è semplicemente un concetto sintetico indotto dalla esperienza, ma una realtà oggettiva, una oggettività reale. E' il concetto che Aristotele vuole sia della mente e che Platone ipostatizza in sé; che non è nelle singole cose se non in forma imperfetta e partecipata, e che non è neanche nella mente come universale astratto. E' causa attrattiva dell'eros, ma anche causa efficiente di quella partecipazione di bellezza relativa che è nelle cose.

Tuttavia, se è da ritenersi anche idea separata (come afferma Aristotele che siano tutte le Idee platoniche), tale separazione non è da immaginare in termini spaziali. E' di natura spirituale, resta nella sua indole di idea universale. Pertanto le categorie di tempo, spazio, dimensione e cangiamento non le si possono applicare. Non si può domandare dove essa risieda, proprio perché non ha presenza e sede locale. Come osserva il Copleston, non si può dire che sia dentro di noi nel senso che sia puramente soggettiva, che sia limitata a noi e generata con noi e destinata a morire con noi. E' trascendente ed immanente, inaccessibile ai sensi, intelligibile solo con l'intelletto .

E' una bellezza che possiamo comprendere, ma che non ci è dato godere. Una bellezza che l'intelletto può definire, ma di cui non ci è dato avere esperienza. Si tratta dello stranissimo statuto di una bellezza che, mentre si sa cosa sia, si rende nel contempo inaccessibile al godimento estetico e al piacere, nei cui termini è concettualmente definita.

Tuttavia quella della elaborazione estetica di Platone sarà una delle concezioni della bellezza che nutrirà il pensiero di un intero arco di secoli e su cui si baseranno le spleculazioni estetiche di filosofi importanti come Plotino e Dionigi Areopagita. Non solo, ma sarà anche il punto di partenza della intera teoria trascendentalista della bellezza, che sarà poi fatta propria da tutta l'estetica medioevale, e che, inoltre, introdurrà la categoria della bellezza non solo nella metafisica, ma anche nella speculazione teologica.

In filosofia la bellezza, da tema estetico diventerà problema dell'ontologia; mentre in teologia, la stessa bellezza, in ragione della sua consistenza ontologica, diventerà costitutiva di Dio, sarà un "Nome Divino". Fatto veramente inedito, poiché il termine "bellezza di Dio" non solo è assente nel linguaggio biblico neo e vetero testamentario, ma è assente in tutta la speculazione del primo cristianesimo fino al IV secolo.

Si è accennato al pensiero estetico di Alberto Magno, che fu maestro di Tommaso d'Aquino, e dal quale lo stesso Tommaso fu in certo modo influenzato. Tale influenza si evidenzierà nella questione estetica, lì dove il maestro di Colonia ricondurrà il pulchrum nell'alveo proprio dell'ontologia metafisica. Qui il bello non avrà più causalità eterogenee e onnicomprensive, come in Dionigi. Sarà specificato in una causalità unica: la causalità formale. E pertanto da Alberto la bellezza sarà definita nei termini che resteranno memorabili: Ratio pulchri in universali consistit in resplendentia formae super partes materiae proportionatas vel super diversas vires vel actiones [59].

Nella definizione è chiaramente dichiarata l'oggettività del bello, che è definito nello splendore della forma. Non si tratta perciò di una bellezza che attinge l'oggetto in una sua proprietà categoriale, in una qualità dispositiva che richiama la necessità della percezione soggettiva. La "forma" di cui parla Alberto non ha il senso che noi attribuiamo all'opera d'arte, che si oppone al contenuto e che ha valore precisamente estetico. Si tratta della forma che coincide con la essenza o sostanza della cosa, la forma-entelechia che informa l'essere e gli concede di essere ciò che è. E' la forma aristotelica di cui parlerà l'ontologia medioevale. Si tratta dell'oggetto che è bello quando emerge nello splendore della sua forma, cioè del suo essere in sé. Qui, l'oggettivismo del bello è così marcato da esaurirne le possibilità costitutive. Alla bellezza non è necessaria che altri la percepiscano. E' bellezza in sé e per sé. Essa è conclusa nella sua totale ed esclusiva oggettività trascendentale.

In Alberto la trascendentalità del bello ha tutte le necessarie premesse: non vi è alcun richiamo ad un apporto soggettivo. Il bello è tutto nella sua costituzione oggettiva.

E' ovvio che, in simile prospettiva, il bello salva in pieno la sua coestensività con l'essere. Ma per quanto suggestiva e ricca di premesse, tale definizione non ha possibilità di verifica, non solo per quanto concerne la bellezza in sé, ma anche per quanto concerne la stessa bellezza di Dio. Si tratta infatti di uno splendor formae che, poiché splende etiamsi a nullo cognoscatur, splende a se stesso ed emerge dalle parti proporzionate della materia, non si sa a chi e per chi.

Quando infatti si afferma che il bello conserva la sua realtà oggettiva, anche se non si manifesta ad alcuno in grado di percepirla, ci si può giustamente domandare che senso ha parlare di "splendore di forma" e di "parti proporzionate"; lì dove è nella natura stessa della proporzione la necessità di essere percepita nell'atto conoscitivo. Alberto ha così creduto di dare una definizione che, rifiutando la condizione dell'apporto cognitivo e del giudizio, potesse fare a meno del ricorso all'esperienza. Si è voluto stabilire cosa sia la bellezza, per poterla poi riferire alla realtà che dovrà poi necessariamente manifestarla, compresa quella di Dio, pensando perciò che si possa ignorare, come osserverà Umberto Eco, la dialettica fra contemplante e contemplato, che è poi il luogo proprio in cui la bellezza è sperimentata.

III ANTINOMIA:

TRASCENDENTALITA' E/O CATEGORIALITA'

DEL BELLO

Sulla scorta del pensiero platonico-plotiniano, la filosofia patristica e medievale, che in quel pensiero coglieva utili elementi di speculazione filosofica cristiana, dà il suo impulso alla riflessione sulla teoria del "bello", sia della natura che dell'arte. Naturalmente, l'alveo in cui tale speculazione si inserisce è nuovo ed inedito. Infatti fondamentale presupposto della filosofia cristiana è il creazionismo, per il quale Dio è all'origine di ogni cosa, e dell'essere di ogni cosa egli ne crea l'ontologica costituzione.

Dio "creatore", produce dal nulla il mondo sensibile secondo le sue idee esemplari; e pertanto anche la bellezza delle cose è partecipe della bellezza esemplare che è in Dio. L'arte è divina, perchè partecipa ed imita l'arte creativa di Dio. Il quale, oltre che creatore, diventa artista della natura, nel senso che adegua nelle realtà create le esemplari idee di bellezza che gli sono originarie.

Il concetto di "esemplarità"[60] è fortemente accentuato in S. Agostino. Egli scrisse un'opera, andata perduta, De pulchro et apto, ed un trattato De Musica, chiaramente d'impostazione neoplatonica. Inoltre trattò del bello in vari altri suoi scritti occasionali. Di Agostino resta fondamentale la definizione del bello come splendor ordinis[61], che ovviamente si rifà a ciò che era comune del pensiero estetico contemporaneo ed antecedente.

L'ordine come categoria definitoria del bello è ovviamente pensato da Agostino in ordine a quella estetica che è ritenuta come ambito di ascesi spirituale e non solo di godimento dei sensi o della mente. Anche per Agostino Dio, che è bellezza sempre antica e sempre nuova, non soltanto costituisce la bellezza delle cose, ma diventa misura della bellezza e termine della sua definizione. Infatti l'arte somma di Dio, si manifesta anche attraverso gli artisti, perchè facciano cose belle e congrue [62]. Nella bellezza della natura, la simmetria e la proporzione, corrispondono agli esemplari divini. Pertanto, nel valutare la bellezza dell'opera d'arte bisogna trascendere l'anima dell'artista e fissare la mente verso gli esemplari divini.

Dopo S. Agostino, molti altri hanno toccato la questione della bellezza, come Dionigi Areopagita, Ugo e Riccardo di S. Vittore, S. Bonaventura, Ulrico ed Alberto Magno. E tuttavia interessante notare come la riflessione estetica sulla natura del bello, sul de ipsa essentia pulchri, diventa veramente una vexata quaestio portata ad un livello rigorosamente metafisico-ontologico. Nella riflessione estetica medievale vi sono tutti i possibili interrogativi concernenti la problematica dell'estetica, cominciando da quella fondamentale della relazione trascendentale fra l'essere e il bello.

La riflessione medievale della bellezza, già esperta di quanto era stato già detto dai filosofi, ama soffermarsi sulla ontologia del bello, sui termini della sua definizione concettuale, su cosa esso sia, su cosa lo costituisce e sulle condizioni che lo fanno rilevare. Se molti riterranno che il medioevo e l'antichità non hanno prodotto alcun pensamento estetico organico e sistematico, tanto da rifiutare che un'estetica in quelle epoche ci sia mai stata, sono smentiti da fatto che, in seguito, mai si è riproposta una riflessione tanto approfondita sul "de ipsa essentia pulchri" e sui termini della sua definizione. I medioevali infatti ritenevano che la riflessione sulla bellezza non potesse essere possibile al di fuori di una meditazione filosofico-metafisica. L'ontologia è ritenuta l'intimo della filosofia, proprio perchè nel suo etìmo vi è la compiutezza del rapporto tra l'ente che è pensato (= l'on) e l'intelletto che pensa (= il logos).

Si è trattato precedentemente di come Aristotele abbia insistito sulla natura dell'arte con delle osservazioni generali, e come poi abbia preferito soffermarsi sulle varie questioni concernenti la tragedia.

Non ha un capitolo che esplicitamente affronti la questione della natura del bello, ma da quanto si riesce ad enucleare dall'insieme dei suoi scritti, si può concludere sulla chiarezza di una sua propria idea della bellezza. Aristotele, fedele al suo metodo e alle sue persuasioni, anche nel concetto non ben definito della bellezza, resta fedele al suo realismo, che nulla concede alle astrazioni idealistiche del platonismo. Come si è detto, per Aristotele la bellezza è una qualità dell'oggetto. Non è un oggetto ma è dell'oggetto (non est ens, sed entis), anche se abbisogna di un necessario rilievo della percezione conoscitiva.

Ma trattando del problema teologico, cioè dell'esistenza e della natura dell'Essere supremo, definito come pensiero del pensiero, nel 7° capitolo del XII Libro della metafisica, Aristotele ha sentito il bisogno di identificare l'Essere supremo come suprema Bellezza che si contempla. Ma una bellezza, quella dell'Atto puro, che resta tuttavia inconoscibile e niente affatto fruibile in una estetica contemplazione. Nel sostanziale accostamento del bello al bene poi, Aristotele pone le premesse di una intellezione trascendentalista della stessa bellezza. Pertanto si rileva come Aristotele ci offre una duplice lettura del suo pensiero estetico concernete il "bello". Mentre lo pensa in termini metafisico-trascendentali quando lo tratta nella Metafisica, lo definisce in termini categoriali, quando lo tratta nell'arte nella Poetica.

Riteniamo che la stessa osservazione fa fatta per quanto concerne l'estetica di S. Tommaso[63].

Egli non afferma mai esplicitamente che la bellezza sia una proprietà trascendentale del bello, tuttavia la tratta come un trascendentale dell'essere, quando chiaramente l'accosta e la identifica, con la dovuta distinzione di ragione, con la "bontà", chiaramente ritenuta un trascendentale, insieme all' "uno" e al "vero".

La posizione trascendentalista di Tommaso è decisamente negata da diversi studiosi del pensiero tomista. Per De Munnynck[64], non solo San Tommaso non avrebbe mai introdotto il bello nella serie dei trascendentali, ma sarebbe, anche a suo parere, temerario pensarlo[65].

La questione concernente la natura categoriale o trascendentale del bello può sembrare di scarso interesse per l'estetica contemporanea. Oggi si ignorano perfino i termini della questione. Ed è un grave limite per il pensiero estetico, proprio perché la scelta antimetafisica della filosofia estetica, eludendo la domanda sulla definizione della bellezza e dell'arte, ha reso la stessa scienza dell'estetica una stella vagante che a nessuno è possibile decifrare. La questione della trascendentalità o categorialità della bellezza nasceva dall'esigenza di stabilire se la bellezza, oltre ad essere propria dell'oggetto e nell'oggetto, dovesse anche agganciare l'intero essere-sostanza, in modo da darle uno statuto ontologico pieno e libero dalla soggezione dell'ambito conoscitivo. In effetti, quando ci si interroga se la bellezza sia o non sia una proprietà trascendentale dell'essere, ci si domanda se la bellezza di un oggetto sia l'oggetto in sé considerato, in quanto essere-sostanza, oppure se essa sia una qualità accidentale di cui l'oggetto accidentalmente si riveste.

E' chiaro che l'una o l'altra delle due ipotesi sono nell'ambito dell'oggettività del bello. Infatti, sia che la bellezza venga considerata come l'essere sostanza considerata in sé, sia che la si consideri come una sua qualità accidentale, l'oggettivismo estetico delle due posizione non è messo in discussione. Nell'un caso come nell'altro la bellezza è sempre dell'oggetto e nell'oggetto. Si tratta invece di vedere se l'oggettiva bellezza aggancia l'essere in tutto il suo spessore ontologico-sostanziale, oppure si afferma come una proprietà categoriale, e perciò come una qualità dispositiva accidentale dell'essere stesso.

Chi ritiene che la bellezza sia una proprietà trascendentale dell'essere-sostanza, afferma che, come l'essere, ogni essere-sostanza individua, è uno quando lo si considera nella sua indivisione, è vero quando lo si considera nel rapporto di conoscenza, è buono, quando lo si considera nella sua appetizione, è bello quando lo si considera nella sua attitudine a generare piacere contemplativo. La proprietà trascendentale dell'unità, verità e bontà nulla aggiungono all'essere-sostanza in quanto ad ulteriore determinazione. Infatti lasciano l'essere nella sua massima estesione e minima comprensione di significati. Ogni essere è sempre uno se considerato nella sua indivisione, ma nel contempo è sempre ed il medesimo essere a cui l'unità non aggiunge nulla che lo diminuisca o ne amplifichi nel suo genere supremo. Così si dica del suo essere vero e del suo essere buono, in modo tale che chiaramente si afferma che ens-verum-bonum-unum convertuntur. Cioè si identificano, anche se dichiarano l'essere sotto diversi punti di vista.

Quando perciò si vuole che anche il bello sia una proprietà trascendentale dell'essere-sostanza, si vuole in realtà che l'essere-sostanza, come si identifica con la propria unità, verità e bontà, così si identifichi con la bellezza, in modo che ogni essere, com'è vero, buono ed uno, così è sostanzialmente bello, etiamsi a nullo cognoscatur, cioè a prescindere da qualsiasi rapporto conoscitivo.

Si tratta cioè della massima ontologizzazione della bellezza, la quale perciò viene ad identificarsi con l'essere sostanza dell'oggetto, in modo che dove vi è un essere-sostanza lì vi è la sua unità, verità, bontà e, perciò, anche la bellezza. Così che, come riteneva Plotino, come non vi è essere che non sia uno, vero e buono, così non vi è essere che non sia nel contempo bello. La bellezza così finisce per avere il medesimo spessore dell'essere di cui si riferisce. Non solo, ma come ogni essere è uno, vero, buono sempre, a prescindere dal suo riferirsi ad una capacità percettiva, così è anche bello, a prescindere che ci sia una facoltà percettiva a cui si riveli. Bonum, unum, verum et pulchrum, etiamsi a nullo cognoscatur (= ogni cosa è buona, vera, una e bella anche se nessuna facoltà conoscitiva vi sia a rilevarne la unità, bontà, verità e bellezza)[66].

Chi ritiene che la bellezza sia invece una proprietà categoriale dell'essere sostanza, afferma che la bellezza è della cosa e nella cosa. Ma nel contempo dichiara che la bellezza sia una qualità dell'oggetto. Una proprietà accidentale che è posta nell'ordine della categoria della qualità. Una qualità dispositiva dell'oggetto che cioè dispone la facoltà percettiva a sperimentarne il godimento estetico-contemplativo. Pertanto la bellezza la si ritiene aderente all'oggetto, in modo da non agganciare la totalità costitutiva dell'essere stesso; che proprio in ragione della sua indole categoriale, può essere nell'oggetto e non essere, essere presente in un tempo e scomparire in un altro tempo, diminuire ed amplificare. Di sua natura tale da aver bisogno di una capacità percettiva a cui si riferisce per essere avvertita come bellezza. Perciò non vi è bellezza che non faccia riferimento ad un processo di conoscenza estetica.

In difesa della trascendentalità del pulchrum si è schierata l'intera speculazione estetico-metafisica, da Dionigi fino a tutto il Medioevo[67]. La Scolastica ne ha sposato la tesi, così che, nella manualistica, la trascendentalità del pulchrum è diventata una comune acquisizione. Dopo la trascendentalità del bello è stata posta in discussione, specialmente in seguito alla fondazione dell'estetica soggettivista, ripensata da Kant fino ai nostri giorni. Insieme al già citato De Munninck, negano la trascendentalità del bello autori metafisici qualificati come Gredt, Remer- Geny, Mercier, De Wulf[68]. La sostengono invece, insieme a tutta la tradizione del pensiero scolastico, J.B. Lotz e J. Maritain[69].

Molti autori, oltre che di proprie ragioni, si sono avvalsi anche dell'autorità di san Tommaso per difendere il principio della trascendentalità del bello. Ed in effetti molti sono i testi in cui Tommaso accosta il bello al bene in termini di adeguazione ontologica. Ciò ha indotto a credere che, anche se Tommaso non annovera esplicitamente il bello tra i trascendentali dell'essere, egli di fatto ha ritenuto che il bello fosse un trascendentale, come l'uno, il vero ed il bene. La tesi è verosimile ed in parte anche dimostrabile.

Nel suo Commento ai "Nomi Divini" di Dionigi Areopagita, Tommaso chiaramente sposa la tesi dell'identità del bene e del bello. Dionigi, parlando di Dio, lo definisce come somma Bellezza e somma Bontà. Egli celebra dunque il Bonum come Pulchrum. Riporta nella bellezza ciò che è proprio della bontà: Infatti avviene per il Bello ciò che avviene per il Buono: tutte le cose in ogni maniera tendono al Bello e al Buono, né esiste alcun essere che non partecipi del Bello e del Buono. Oseremo dire anche così: anche il non essere è partecipe del Bello e del Buono; infatti esso diventa il Bello e il Buono in sé quando viene celebrato in Dio, prescindendo da ogni cosa [70].

Bello e Bellezza, al pari della Bontà, sono Nomi Divini. Tuttavia il Bello e la Bellezza non si possono separare nella causa che comprende in uno tutti gli esseri .

Dionigi non può non avvertire la difficoltà di una bellezza che non può essere sperimentata, proprio perché costitutiva dell'Essere divino che resta inaccessibile ed inconoscibile. Ma la bellezza divina non può essere esclusa da Dio, se vi è nelle creature. Infatti se tutto l'essere delle cose, ed ogni essere, è causato, ogni perfezione dell'essere stesso non può che trovarsi in Dio-causa in forma eminente ed in modo costitutivo. Dio è dunque definito Bellezza, ed è tale per la bellezza che distribuisce come causalità creativa; e come causalità attrattiva, chiama a sé tutte le cose; ed è Bello perché è sempre, non diminuisce né cresce: Dividendo in tutte le cose che esistono la cosa che si partecipa alla Bellezza, noi diciamo che è bello ciò che partecipa della Bellezza, mentre la bellezza è partecipazione che viene dalla causa che rende belle tutte le cose belle. Il Bello soprasostanziale è chiamato Bellezza a causa della bellezza che da parte sua viene elargita a tutti gli esseri secondo la misura di ciascuno; essa che, come causa dell'armonia e dello splendore di tutte le cose, getta su tutti, a guisa di luce, le effusioni che rendono belli del suo raggio sorgivo, chiama a sé tutte le cose donde appunto si dice Bellezza e raccoglie in sé tutto in tutto [71]. Donde la lineare e conseguente osservazione di Tommaso: Pulchritudo autem partecipatio primae Causae quae omnia pulchra facit: pulchritudo enim creaturae nihil est aliud quam similitudo divinae pulchritudinis in rebus partecipata [72], (= La bellezza è la partecipazione della Causa prima, la quale genera ogni bellezza: infatti la bellezza della creatura non è altra che la somiglianza della bellezza divina partecipata nelle cose).

La prima conclusione, che Tommaso trae, è che la bellezza delle creature è non originaria; infatti è bellezza partecipata dalla Bellezza prima, che è quella di Dio. Se le cose sono belle, e nessuna cosa vi è che non sia in certo modo bella, lo sono nella misura in cui partecipano tale originaria Bellezza.

E' qui che la speculazione dionigiana si fa ontologia metafisica: si parla di fondazione della bellezza delle cose, e tale fondazione la si ripone in Dio. In effetti però il concetto di partecipazione si estende a tutto lo spessore dell'essere delle cose. Pertanto non solo tutte le cose sono belle, ma lo sono nella misura della loro partecipazione all'essere[73].

La seconda conclusione è che la stessa difinizione-concetto della bellezza non la si desume dall'esperienza delle cose belle che a noi è dato contemplare, ma dalla Bellezza divina che invece non ci è dato sperimentare, nell'atto della sua azione causativa. Dio è infatti bellezza, a dire di Tommaso, nel suo essere pulchrifax, nell'atto di rendere belle le cose.

In questa assunzione di principio vi è tutta la difficoltà del pensiero moderno e dei contemporanei di comprendere la posizione trascendentalista della bellezza. che proprio in Dionigi trova la più radicale fondazione teoretica. Si vuole sapere infatti cosa sia la bellezza delle cose, cioè avere una definizione-concetto, e si dice che la bellezza delle cose è partecipazione della bellezza divina. Quando poi ci si chiede cosa sia la Bellezza divina per capire cosa sia la bellezza partecipata nelle cose, si risponde non proponendo i termini di una definizione, ma affermando che la Bellezza è partecipatio primae Causaequae omnia pulchra facit , è cioè ciò che rende belle le cose.

In questa prospettazione della teoria teologica della bellezza si giocherà l'intera dialettica sulla trascendentalità o categorialità della bellezza, che sarà di Tommaso, che fu di Dionigi e che si prolungherà per tutto il corso filosofico della metafisica dell'estetica susseguente.

La nostra riflessione sul Bello e sulla Bellezza di Dionigi l'abbiamo fatta perché riteniamo che l'intera dottrina ha dato un apporto decisivo non solo alla struttura metafisico-ontologica di Tommaso, ma anche alla struttura teoretica di tutta la sua estetica.

Sulla scorta di Dionigi, anche Tommaso in modo inequivocabile afferma l'identità tra il bonum e il pulchrum. Certamente l'affermazione di Tommaso è da considerarsi nel significato del Commento che egli fa ai Nomi Divini di Dionigi. Ma non vi è dubbio che nel commento Tommaso mostra il suo pieno consenso all'identità metafisica tra il bello ed il bene, anche se fra i due termini pone delle precise distinzioni. Che l'identità dei due termini fosse da Tommaso intesa in senso trascendentale, lo si deduce da quanto egli aggiunge nel n. 356 del C, IV, 1. 356, che a noi sembra aggiunto più per trasmetterci una sua personale persuasione che per dare compiutezza al commento. Si tratta del testo sintesi del pensiero tomista sull'identità tra il bonum e il pulchrum, che in seguito darà origine alla vexata quaestio della categorialità e/o trascendentalità del bello rispetto all'essere:

Quamvis autem pulchrum et bonum sint idem in subiecto, quia tamen claritas quam consonantia sub ratione boni continentur, tamen ratione differunt: nam pulchrum addit supra bonum ordinem ad vim cognoscitivam illud esse huiusmodi (= Quantunque il bello ed il bene siano la stessa cosa nel soggetto, poiché sia lo splendore che la consonanza sono nella nozione di bene, tuttavia differiscono perché il bello, rispetto al bene, si pone in relazione alla capacità conoscitiva).

Insorge però la questione concernente la dipendenza della definizione del bello, che Tommaso non ci dà quando tratta il pulchrum sotto il profilo ontologico-metafisico, e che invece ci offre in tutta la sua chiarezza, quando egli stesso lo tratta sotto il profilo puramente estetico. Si tratta infatti di quello che noi abbiamo ritenuto essere l'ambivalenza con la quale Tommaso tratta il problema estetico del bello. E cioè: quando egli affronta il problema ontologico-metafisico della bellezza, non vi è dubbio che egli tratta la bellezza come una proprietà costitutiva dell'essere e, perciò, come un trascendentale. Ma proprio allora egli non ci dice mai cosa sia la bellezza nella sua definizione concettuale; non ci dice cosa sia la bellezza nella sua de ipsa essentia. L'unica notione-definizione metafisica del bello sta nel suo essere causa pulchrifax. Si tratta perciò di una pseudo- definizione, che non attinge la natura della bellezza, che non ci dice cosa essa sia in sé, nel suo concetto e nella sua reale definizione.

Quando però Tommaso è fuori del Commento ai "Divini Nomi" di Dionigi e tenta di pervenire ad una sua propria definizione, troviamo che la definizione ha qui un reale valore estetico, ma è formulata in modo tale che in essa non vi sono più ragioni per ritenerla proprietà trascendentale. Abbiamo infatti due classiche definizioni tomiste della bellezza, i cui termini sono così misurati e specifici, che noi non abbiamo più trovato, in seguito e prima, altra definizione che ne eguagliasse il valore, la compiutezza e la perfezione:

1 - "Pulchrum autem dicatur id cuius ipsa apprehensio placet"[74].

2 - "Pulchra enim dicuntur quae visa placent"[75].

La prima definizione è concettuale. Si tratta di definire cosa sia il pulchrum. Non ciò che è la bellezza, ma cosa è il bello nel suo concetto.

Si tratta di una res, cioè di una realtà consistente (= id cuius), la quale funge da genere, cioè di una realtà generica che viene differenziata dal fatto che essa piace nell'atto della sua apprensione. Dalla definizione concettuale ogni singola realtà bella viene perciò misurata. Sarà bella, se piacerà nell'atto della sua apprensione. Si tratti di bellezza che si contempla come fenomeno naturale o artistico, si tratti di bellezza dei vari generi artistici come l'architettura, la scultura, la pittura, la musica, la poesia e narrativa, la cinematografia ecc., o anche, all'interno dei generi artistici e delle varie età, dei vari stili, un oggetto è bello se genera piacere nell'atto in cui lo si apprende.

La definizione tomista, così come è formulata, non dirime la questione sull'oggettività o soggettività della bellezza. Non è compito della definizione quello di dirimere e risolvere questioni che non attingono il limite del concetto. La definizione non ha da fare altro che astrarre il particolare dell'esperienza, portandolo al genere più alto del concetto. Tuttavia il dato dell'esperienza tutto intero dovrà essere presente nel concetto astratto, perché l'astrazione generi una vera definizione, in cui tutte le esperienze della bellezza possibile si ritrovino. Ecco perché Tommaso non ha mancato di osservare come il bello, che comunque deve generare uno speciale piacere, in effetti rileva tale piacere sempre nell'atto soggettivo della facoltà percettiva.

La seconda proposizione di Tommaso dichiara non ciò che si dice bello, cioè il concetto astratto o la definizione della bellezza. Ci dice invece quando noi chiamiamo bella una cosa: Pulchra enim dicuntur quae visa placent (= Sono dette belle quelle cose che, percepite, piacciono).

Ora, anche in questa proposizione che dichiara quando le cose si dicono o sono ritenute belle, a prescindere dall'esatta esegesi del termine visa, cioè a prescindere del significato che si vorrà dare al termine percezione, non vi è dubbio che il concetto-definizione è rispettato. Non vi è chi possa negare che noi si dichiara bello ciò che piace di uno speciale piacere che diciamo estetico e che nessuna teoria estetica al mondo potrà persuaderci che ciò che è bello possa anche non piacerci. Ora, è proprio ciò che non ci piace che noi chiamiamo brutto. La stessa nuova teoria che ha cercato la valutazione estetica del brutto, in effetti non ha inteso che il brutto fosse bello, ma che ci fosse la bellezza del brutto, così come l'intende il Rosenkranz, secondo il quale il brutto per essere categoria estetica deve riflettersi nel bello, o che il brutto, come vuole T.W. Adorno[76], nella sua dotazione di negatività rivoluzionaria e dissacrante si esprime con maggiore bellezza di ciò che si ritiene bello. In ogni modo, anche nelle concezioni estetiche più radicali e meno aderenti a ciò che è tradizionale, si ritiene bello ciò che piace e brutto ciò che non piace.

Tommaso ha dunque formulato una definizione che riteniamo la più compiuta della bellezza.

Ma se ben si esamina la definizione stessa, ci si accorge che, proprio in base ai termini definitori del suo concetto, la bellezza, che nel Commento ai Divini Nomi di Dionigi era trattata come un trascendentale dell'essere, ora non lo è più. La definizione-concetto, nei termini dichiarati da Tommaso, esclude che la bellezza possa essere trascendentale. Tommaso, in sostanza, ci mostra ancora una volta quanto peso hanno le teorie nelle elaborazioni delle definizioni estetiche. Perché in effetti, mentre la definizione Tommaso la formula in base all'astrazione portata sull'esperienza della bellezza, la tesi che vuole la bellezza come trascendentale al pari del vero, buono ed uno, è in realtà "una teoria" che non si preoccupa minimamente di verificare se poi essa faccia giustizia dei mille rivoli in cui la bellezza si esprime e di come ci siano cose che belle non saranno mai, se considerate nel loro costitutivo ontologico, e che il brutto comunque continua ad essere sperimentato, anche se si insisterà nel sostenere la "teoria" che se ogni cosa fa riferimento alla causalità creativa e partecipativa di Dio, posto che Dio è bello, bello sarà ogni cosa sol che la si considera in connessione con la sua origine.

Le ragioni dell'antinomia tomista portata sul concetto del "bello" le si rileva propriamente dal fatto che, mentre Tommaso ha pensato il bello in termini ontologico-metafisici, quando ha voluto commentare Dionigi, che ovviamente non voleva trattare il problema di Dio come un problema estetico, ma il problema estetico come un problema di Dio, poi invece lo ha definito in termini propriamente estetici. E definire la bellezza in termini estetici, così come ha fatto Tommaso, significa appunto sottrarre la bellezza stessa dall'ambito proprio della trascendentalità.

La bellezza come habitus dispositivo

Ipotesi di una possibile soluzione

1 - Il bello, per essere un trascendentale, deve avere la stessa massima estensione dell'ente cui si riferisce, al pari dell'uno, del vero e del bene.

2 - Se il bello fosse un trascendentale, ogni ente-sostanza sarebbe bello.

Le due proposizioni sono una deduzione proveniente dalla nozione stessa di trascendentale.

Se il pulchrum, nei termini in cui è definito da san Tommaso, rimanda ad altri elementi di interferenza non necessariamente costitutivi del trascendentale, allora il bello come trascendentale sembra a noi una nozione inadeguata.

Se infatti il bello è necessariamente rilevabile in una mediazione necessaria della conoscenza, se la cognitio fit per assimilationem ed in modo che il placet dovrà trovare nella stessa apprehensio il termine del proprio riscontro, allora abbiamo sufficiente ragione per trasferire la bellezza da proprietà trascendentale dell'ente a sua proprietà categoriale. Così che, se l'ente è bello, non lo sarà necessariamente perché enti qua tali ratione ipsius entis competit, ma perché esso rivelerà delle qualità predicamentali che, in quanto tali, potranno essere ritenute presenti non necessariamente in ogni ente, e comunque in ogni ente resteranno modificabili.

Se altri potranno ritenere "una comoda ed elegante scappatoia verbale" la definizione di J. Maritain del bello come splendeur de tous les trascendentes taux rèunis, non si potrà dire la stessa cosa dell'intuizione della riduzione dello stesso "placet" all'ordine trascendentale ed analogico, operata da Maritain. Il quale osserverà con molta sicurezza: La proprietà di dispensare la gioia, il dilettare, implicata nella nozione del bello, è essa stessa - non lo si dimentichi - di ordine trascendentale e analogico, e non potrebbe, senza grave controsenso, venire ricondotta al solo piacere sensibile o al bene dilettevole assunto in quanto opponentesi alle altre specie di bene [77].

L'intuizione sembra a noi di grande interesse e, anche se non la condividiamo, avrebbe meritato ulteriore approfondimento e chiarificazione.

A parte la sua fondatezza critica, da noi contestata, è chiaro che essa tende ad evidenziare la preoccupazione di Maritain, che è quella di sottrarre il bello dall'arbitrio di una creatività soggettiva proprio del soggettivismo kantiano o anche del relativismo delle concezioni estetiche contemporanee. E' una preoccupazione che ci trova consenzienti, ma è anche una difficoltà che riteniamo si possa superare senza il ricorso alla identificazione ens-pulchrum mediata, nel significato trascendentale, dal bonum.

Le nostre riserve derivano da istanze che trovano soddisfazione soltanto se il pulchrum è riportato nell'ambito di una definizione che di fatto sia convalidato dall'esperienza.

La nostra preferenza del bello come categoria, se rifiuta la identificazione reale ente-sostanza e bellezza stabilita nella distinzione di ragione, non accetta nemmeno che tra il bene-bellezza vi sia una semplice riduzione o una semplice differenziazione che si stabilisce su di un piano puramente logico[78]. Così come rifiutiamo che siano ragioni di ordine esclusivamente estetiche a concludere la questione dell'ontologia del bello, che noi riteniamo essere di ordine fondamentalmente metafisico.

La distinzione dell'Areopagita tra pulchrum et pulchritudo è significativa[79]. Il significato è colto da san Tommaso nel suo Commentario al Cap. IV, 132 del De Divinis Nominibus:

Bello e bellezza si distinguono secondo ciò che partecipa e ciò che è partecipato, così che il bello si dice in quanto partecipa della bellezza: la bellezza è partecipazione della causa prima che rende le cose belle (= pulchra facit); la bellezza della creatura infatti non è altro che la similitudine della divina bellezza partecipata alle cose .

Rileviamo la distinzione anche per affermare che la pulchritudo dell'ente è all'ente riferita come una sua "qualità" accidentale. Affermiamo cioè che tra l'ente e la sua bellezza vige una distinzione identica a quella che si afferma tra l'ente ed una sua categoria che lo determina.

In altro luogo si è insistito sulla differenza che intercorre tra ciò che è categoriale e ciò che è trascendentale. L'affermazione da noi aggiunta sulla categorialità del bello in quanto proprietà dell'ente non proviene soltanto dalla difficoltà che si incontra nella composizione logica di due nozioni che sembrano stridere tra loro: e cioè tra la nozione di trascendentale e i termini categoriali definitori che san Tommaso innova nell'aggiunta della percezione conoscitiva. La preferenza della natura categoriale della bellezza rispetto all'ente-sostanza di cui sperimentiamo la bellezza ci sembra suffragata anche da elementi riportati sia da Aristotele che dallo stesso Tommaso nei commenti che fa di Aristotele.

Anzitutto Aristotele. Come qualsiasi altra categoria, per Aristotele la qualità aggancia l'ente e lo riferisce; da esso proviene ed in esso profondamente è immesso: "importat quemdam modum substanziae" e, in quanto tale, è un modo generalissimo di essere dell'essere sostanziale. La qualità non est ens sed est entis, non è ente autonomo ma la sua essenza sta nell'essere in una sostanza. E' questo il punto che in cui si riscontra una radicale differenza tra la categoria aristotelica e quella kantiana. La categoria kantiana è "forma a priori", e perciò ha origine e termina nella creatività soggettiva. La categoria aristotelica è invece "modo di essere", e perciò ha origine e termina nell'ente cui inest, in cui è radicata. Il soggetto pensante non fonda la categoria-bellezza, ma la rileva. Se la bellezza è forma categoriale e lo è nei termini in cui si definisce la categoria aristotelica, non si ha ragione alcuna di temere la sopraffazione del soggettivismo estetico. Il bello, anche nella ipotesi di una sua fondazione categoriale, resta fondamentalmente oggettivo, cioè proprietà dell'ente. Non di ordine trascendentale, perché non esaurisce l'ente (= non est ens), ma di ordine categoriale, perché inerisce all'ente (= sed est entis).

Tommaso ricorderà come proprio Aristotele, nel VII libro della Fisica, espressamente pone fra le qualità-abiti la bellezza e la sanità [80]. Il riferimento della qualità-bellezza all'habitus, ci dice di quale specie di qualità si tratta: una species qualitatis est habitus et dispositio [81]. Si tratta cioè di determinazione che interessa il soggetto per la sua stessa natura, sicut subiectum ad formam: E per questo la sanità e la bellezza si dicono abiti dispositivi [82].

In quanto abito-disposizione, la qualità bellezza si predica dell'ente in modo che bene disponitur dispositum aut secundum se, idest secundum suam naturam, aut ad aliud, idest in ordine ad finem [83]. Ciò significa che, in quanto abito-disposizione, la qualità-bellezza non solo informa di sé l'ente di cui si predica, la lo dispone in certo modo, cioè nella possibilità che lo stesso ente-sostanza sia avvertito come bello.

Forma oggettiva dell'ente, la bellezza-qualità, in ragione della sua capacità dispositiva, diventa capace di porsi a fondamento di ogni possibilità percettiva del godimento estetico (= visa placent) che l'oggetto può generare. In quanto abito che si possiede non per "vestirsi", come avviene nell'abito predicamento, ma per "abilitarsi", come avviene nell'abito-qualità, nel suo fondamento oggettivo (= est entis), pone nell'oggetto le condizioni per cui sia percepito come bello.

Bellezza "oggettiva", non perché proprietà trascendentale, ma perché "modo di essere" dell'oggetto. Posizione nella quale può trovare riscontro e conferma l'affermazione agostiniana, secondo la quale le cose sono belle non perché piacciono, ma piacciono perché sono belle. Ma anche posizione che, permettendolo una maggiore possibilità d'inventiva estetica, troverebbe confermata anche la definizione anselmiana, posto che si concedesse allo "splendore della forma" più profonda ed adeguata relazione alle "parti della materia".

Con la introduzione del “visa placent” come elemento definitorio del bello, san Tommaso non ha soltanto superato la definizione anselmiana, ma ha anche arricchito la definizione stessa mediante un’aderenza pertinente al punto di partenza fenomenologico, che è quello del ricorso all’esperienza del bello, dal quale non si può prescindere. Nel contempo il “visa placent”, cioè il ricorso all’istanza percettiva, non ha più consentito che il bello dovesse essere necessariamente ritenuto una proprietà trascendentale dell’ente-bello. San Tommaso, andando oltre la resplendentia formae anselmiana, che riteneva che il bello ci fosse etiamsi a nullo cognoscatur, e introducendo la necessità del godimento soggettivo anche del “sensus”, poiché il senso si diletta delle cose debitamente proporzionate , difatti estrometteva il bello dalla classe dei trascendentali.

Il rifiuto della trascendentalità del bello non pregiudica tuttavia l’elaborazione tomista concernente la definizione del bello nei termini in cui l’ha fissata san Tommaso. Non la pregiudica cioè il nostro tentativo d’annoverare il bello come proprietà categoriale dell’ente che, mentre richiama l’aspetto oggettivo, nel contempo ne postula il necessario riferimento all’atto percettivo della conoscenza, senza della quale difatti non ci sarebbe rilievo di bellezza. In tale supposizione, è chiaro che mentre viene eliminata l’identità trascendentale tra ente e bellezza, è affermata la necessità di un riscontro percettivo, in modo che non ha più senso affermare che il bello esisterebbe etiamsi a nullo cognoscatur.

L’ipotesi da noi sostenuta di una sistemazione categoriale del bello è stata accolta con degli elementi di ragione certamente non esaurienti, ma che sono valsi a far ritenere che tale ipotesi, se meglio suffragata da uno studio più approfondito ed elaborato, rappresenterebbe una risposta che, contrariamente a quella data dalla posizione trascendentalista, nella questione del bello non creerebbe più problemi di quanti in effetto ne risolve.

IV ANTINOMIA

LA BELLEZZA: STA NELL'ARTE e/o NELLANATURA?

Per noi il concetto del bello e dell'arte è un presupposto dato dal sistema della filosofia [84].

La distinzione tra la bellezza della natura e bellezza dell'arte è nella differenza della loro forma.

La prima è depositata ed originaria nella natura. E' data alla contemplazione dell'uomo nella sua immediatezza. La bellezza della natura non si propone di essere contemplata. E' per questo che la bellezza della natura non ha finalità estetiche. Datur etiamsi a nullo cognoscatur . Non attende che qualcuno la contempli per essere ammirata, né ha tempi stabiliti per la contemplazione. La bellezza della natura non la si può sottrarre alla natura stessa per depositarla in un museo. A formarla non vi ha posto mano nessuna inventiva, che non sia quella della natura stessa. E' per questo che essa è libera di costruirsi ed annullarsi, manifestarsi e nascondersi, stabile e fluida nel contempo e tuttavia sempre prospettica. Nessuna categoria delle cose è tanto legata alle cose come quella della bellezza che promana dalla natura delle cose stesse. Quando si parla di trascendentalità della bellezza rispetto all'essere, mai la questione è così pertinente, come quando la si riferisce alla bellezza delle cose.

La bellezza dell'arte sottostà però alla medesima definizione concettuale del bello: è ciò che piace nella sua stessa apprensione. Ma si tratta di una bellezza formata, cioè di una bellezza che l'artista ha fatto emergere dando forma ad una materia. E' formata in una preconcezione ideale e poi trasferita nell'opera, si tratti della pittura sulla tela, della scultura nel marmo, della musica nell'armonia delle note, del cinema nel montaggio delle immagini. Si tratta di una bellezza depositata nella materia e dalla materia stessa estraibile, e che è lì per essere ammirata. Fu creata perchè altri ne godessero la meraviglia.

Da sempre la natura e l'arte hanno fatto riferimento al bello. Fin da quando gli uomini si sono interessati alla bellezza della cose, essi l'hanno sempre goduta e riconosciuta sia nelle cose della natura che nelle opere degli uomini. La più antica e più ristretta definizione del bello, quella dei sofisti[85], come la più compiuta e allargata, quella di Tommaso d'Aquino[86], riferiscono la bellezza, sia che si ricavi dalla manifestazione della natura che dalle opere dell'uomo.

Il primo dialogo dove si tratta della natura della bellezza è l'Ippia I di Platone. Si sostiene che, anche se il concetto di bello non può essere esaurito in alcuna determinazione particolare delle cose belle, le cose belle si trovano sia in natura, come una bella fanciulla o una bella cavalla, sia anche nelle opere dell'uomo, come può essere uno scudo o una lira o anche una pignatta[87]. Infatti armonia e simmetria, proporzione e definitezza, che sono le categorie della bellezza che i greci ritenevano definitorie della bellezza, si ritrovavano sia nei fenomeni della natura che nelle creazioni dell'arte.

La bellezza della natura e quella dell'arte erano così connesse che sia Platone che Aristotele ritennero che la stessa bellezza dell'arte non fosse che la riproposta della bellezza della natura "imitata" dall'artista. Già Aristotele distingueva l'arte come tecnica produttiva delle realtà d'uso da quella riproduttiva delle realtà destinate alla contemplazione. L'epopea e la tragedia ed ancora la commedia e il ditirambo ed anche gran parte dell'auletica e della citaristica, tutte, prese nel loro insieme, si trovano ad essere imitazioni (= mimhseis tò sunolon); ma differiscono tra loro sotto tre aspetti, cioè per il loro imitare o in materiali diversi o cose diverse o in maniera diversa e non allo stesso modo[88]. Imitazione che ovviamente non è semplice riproduzione. Come giustamente osserva Domenico Pesce, l'arte "imita" la natura; il che non vuol dire affatto che essa copia le cose della natura, ma significa che l'attività umana guidata dall'arte si modella sul procedimento che segue la natura. Produzione artistica insomma e generazione naturale sono processi analoghi, in quanto ambedue sono orientati finalisticamente, ambedue mettono in opera certi mezzi per realizzare certi fini e nel far ciò sono tenuti a rispettare un determinato ordine nella successione degli stadi del processo, ambedue conferiscono una forma nuova ad una materia relativamente informe[89].

Che la bellezza che si ammira nella natura e quella che si ammira nell'arte fosse la stessa che si registra nella storia dell'estetica, e che ambedue fossero reali espressioni sia della natura che dell'arte, è stata comune opinione dall'antichità fino al XVIII secolo. Anche Kant, che pure assodò la dottrina della soggettività del bello contro la tradizione che per secoli aveva sostenuto la natura oggettiva, ritenne che si potesse parlare senza dubbi di sorta sia della bellezza della natura che di quella dell'arte. Ché anzi, se una preferenza vi fu in Kant, e tanto chiaramente espressa, essa si manifestò decisamente per la bellezza della natura, rispetto a quella dell'arte. Così scrive infatti nella sua Critica del Giudizio: Questo vantaggio che ha la bellezza naturale sulla bellezza artistica, di destare essa sola un interesse immediato, sebbene possa essere superata dall'altra per ciò che riguarda la forma, si accorda con il carattere raffinato e solido di tutti gli uomini che hanno coltivato il proprio sentimento morale. Se un uomo, che ha gusto sufficiente per giudicare dei prodotti delle belle arti con la massima giustezza e finezza, abbandona volentieri la stanza in cui brillano queste bellezze che soddisfano la vanità ed alimentano i piaceri sociali, e si rivolge a cercare il bello naturale per trovarvi quasi una voluttà per il suo spirito su una via di pensiero di cui egli non potrà mai raggiungere il termine; noi consideriamo questa scelta con grande rispetto, e vedremo in lui una bell'anima, quale non può pretendere di essere un intenditore o un amatore d'arte, per via dell'interesse che prova per i suoi oggetti[90].

Dopo Schelling, la cui opera estetica più nota è Filosofia dell'arte[91], inizia il processo di revisione di quell'intima fusione che vi fu fra il bello dell'arte e quello della natura. Dopo Schelling, il bello della natura non avrà più la medesima considerazione ed anche lo stesso significato. Il bello della natura, da allora in poi, sarà sempre più sconsiderato come tema-problema estetico. E ciò avviene, come annota W. Adorno, non perchè, secondo la teoria hegeliana, il bello della natura sia stato effettivamente superato e sollevato in qualcosa di più alto: esso è stato rimosso[92]. La ragione sta nel fatto che per la concezione romantica idealista della bellezza, essa non risiede che in ciò che è fatto dall'uomo; manca invece in ciò che l'uomo non ha fatto, cioè la natura. Il bello naturale scomparve dall'estetica a causa dell'estendersi del dominio del concetto di libertà e di dignità umana, concetto inaugurato da Kant e trapiantato conseguentemente nell'estetica solo da Schiller e da Hegel; secondo tale concetto nel mondo non è da tenere in considerazione niente all'infuori di ciò che il soggetto autonomo deve a se stesso [93].

Per Hegel, ogni opera d'arte deve essere considerata un evento in cui si manifesta lo Spirito assoluto. L'arte esprime nella bellezza, di cui è portatrice, l'universale, mentre il bello dell'arte è visto come “ideale” realizzato nell'opera o anche la raffigurazione dell'assoluto nel sensibile. E' per questo che la disciplina dell'estetica è da Hegel identificata con la stessa Filosofia dell'arte o, meglio, con la Filosofia dell'arte bella.

Nell'estetica della Filosofia dell'arte, la prima cosa che Hegel espunge è il bello naturale. Si tratta infatti di un vero e proprio rifiuto del bello naturale, piuttosto che di un suo superamento. Ma la determinazione arbitraria è negata da Hegel non perché ogni scienza abbia la facoltà di tracciare a piacere il proprio ambito [94], ma perchè la bellezza artistica sta veramente più alta della natura. Infatti la bellezza artistica è la bellezza generata e rigenerata dallo spirito, e di quanto lo spirito e le sue produzioni stanno più in alto della natura e dei suoi fenomeni, di tanto anche il bello artistico sopravanza la bellezza della natura . Così come, sotto il punto di vista formale, persino una cattiva idea in un uomo sta sempre più in alto di qualsiasi altro prodotto della natura. E la ragione è sempre la medesima: perchè nell'idea è sempre presente la spiritualità e la libertà.

E' evidente che Hegel non può né vuole negare anche il prodotto della natura, ma quello che si nega è che la bellezza della natura possa essere posta in paragone a quella dell'arte. Hegel riconosce che nella vita di tutti i giorni siamo abituati a parlare di bel colore, di un bel cielo, di un bel fiume, e egualmente di bei fiori, begli animali e ancor più di begli uomini . Ma in realtà non possiamo considerarli belli, perché una tale esistenza naturale è indifferente, non è libera e autosufficiente in sé, e se la consideriamo nella connessione della sua necessità con l'altro, non la consideriamo per sé, quindi non la consideriamo come bella . Se di bello naturale si vuol parlare, gli si concede solo di essere un riflesso del bello che appartiene allo spirito, come un modo imperfetto, incompleto, un modo che, secondo la sua sostanza, è contenuto nello spirito stesso . La bellezza della natura, secondo Hegel, è troppo indeterminata e perciò noi non abbiamo alcun criterio per poterla classificare e valutare. Siamo molto lontano dalle ragioni opposte che adduceva Schelling per affermare che era invece l'arte in obbligo verso la natura, perchè della natura si faceva imitatrice. Manca ad Hegel l'organo per comprendere come, sia il bello della natura che quello dell'arte, non fanno che riproporsi nel medesimo oggetto. Solo che quello che afferma Schelling, e cioè che la bellezza della natura riflette in sé il concetto eterno che è progettato dall'intelligenza infinita, è in differente modo affermato da Hegel. Così come, nell'artista, l'essenza che comprende l'idea di una bellezza incorporea è legata a ciò che la rappresenta in forma sensibile. Sia la bellezza dell'arte che quella della natura si esprimono per immagini. E sotto questo profilo la differenza fra le due forme di bellezza non è rilevante. Sia le immagini della bellezza dell'arte che quella delle immagini della natura riferiscono entrambe la concretizzazione dell'ideale. Se l'autore dell'opera d'arte è l'artista, egli media l'atto con cui l'assoluto si fa presente nell'opera d'arte; se invece l'autore della natura è Dio, è sempre l'assoluto che opera nella natura. L'artista crea ciò che intuisce, Dio crea ciò che conosce. L'assoluto, cioè Dio, opera artisticamente. Dio è il grande artista del mondo. E il mondo è la sua opera. In esso Dio si nasconde e insieme si manifesta, e, come accade all'opera d'arte, il suo nascondersi, il suo celarsi in una figura finita e determinata fino a identificarsi con essa, non è che la manifestazione di sé come divino, come infinito [95]. Ma quello che induce Hegel al rifiuto del bello naturale è il fatto che esso non nasce come bello né in vista dell'ammirazione e della bella apparenza, perchè il bello naturale vivente non è né bello per se stesso, né è da se stesso prodotto come bello ed in vista della belle apparenza. Le bellezza naturale è bella solo per l'altro, cioè per noi, per la coscienza che concepisce la bellezza [96].

Ora, secondo Hegel, è pur vero che le opere della natura, e quindi la loro bellezza, sono creazione di Dio e della sua saggezza, mentre l'opera d'arte si dice che sia solo opera dell'uomo, fatta dall'uomo secondo intendimenti umani. Ma Hegel osserva: In questa contrapposizione fra produzione della natura in quanto creazione divina e attività umana solo finita sta l'equivoco per cui Dio non opererebbe nell'uomo e attraverso l'uomo, ma l'ambito di questa sua attività si limiterebbe alla sola natura. Questa falsa opinione va assolutamente respinta se si vuole penetrare fino in fondo al vero concetto dell'arte, anzi a questa opinione bisogna opporre quella contraria, e cioè che Dio ricava più onore da ciò che fa lo spirito che dai prodotti e dalle figure della natura. Infatti nell'uomo non c'è semplicemente il divino; in lui egli agisce in una forma che è conforme all'essenza di Dio in un modo superiore, del tutto diverso che nella natura [97].

Un colpo mortale alla bellezza della natura lo darà Croce. Anche Benedetto Croce, in sintonia con Hegel, darà la sua conferma sulla inettitudine del "bello fisico della natura", e per la stessa ragione: perchè all'espressione in senso naturalistico manca, semplicemente, l'espressione in senso spirituale, ossia il carattere stesso dell'attività e della spiritualità [98]. E perciò, a parere del Croce, chi chiama bella una campagna , in cui l'occhio si riposa sul verde e il corpo si muove alacre e dolce il tiepido raggio del sole avvolge e carezza le membra, non accenna a nulla di estetico . Senza l'apporto della fantasia nessuna cosa della natura è bella; e pertanto proprio perché si necessita della fantasia, secondo le varie disposizioni d'animo, uno stesso oggetto o fatto naturale è ora espressivo ora insignificante, ora di una determinata espressione ora di un'altra, lieto o triste, sublime o ridicolo, dolce o beffardo; che, infine, non esiste alcuna bellezza naturale alla quale un artista non farebbe qualche correzione . E perciò Croce dà ragione al Leopardi quando dice che il bello della natura è "raro, scarso e fuggitivo" e, secondo lui, anche "imperfetto, equivoco, variabile ".

E' accaduto all'arte quello che accadeva contemporaneamente al bello. Dando massima autonomia all'arte (Schiller la definiva ciò che da sé si dà legge)[99], in realtà la sottometteva all'egida della teoria. Ma per far questo era necessario che la si privasse di una precisa definizione. Non si domanda più cosa sia l'arte, come aveva fatto Aristotele, ma quale sia il posto che le viene riservato nella sistemazione della teoria. E perciò l'arte viene vista non in una sua autonoma definizione, ma come luogo in cui lo spirito assoluto concilia universalità e particolarità, come idea che si manifesta nella forma sensibile. Che poi il destino della definizione dell'arte dovesse essere quello a cui l'idealismo romantico la destinò, era nella conclusione dello stesso Croce, quando affermava che la risoluzione, in questo caso del problema sulla bellezza della natura o della sola arte, è questione di criterio: Risolverla in un modo o in un altro dipende dal concetto che si ha e che si adopera come misura e termine di paragone .

Il criterio che viene adoperato dalla filosofia idealista è che bellezza è sola quella che risiede nell'arte come attività espressiva, rappresentativa e fantastica. Ed è perciò inesatto che l'arte imita la natura, cercando di carpirne la bellezza originaria. Perché, a dire di Croce, la verità è che la natura stessa imita l'idea, e poi, che le arti non si restringono semplicemente a imitare ciò che gli occhi vedono, ma ritornano a quelle ragioni o idee dalle quali deriva la natura stessa. Perciò l'arte non si attiene alla natura, ma aggiunge bellezza dove la natura manca: Fidia non rappresentò Giove perché l'avesse visto, ma quale apparirebbe se volesse svelarsi a occhi mortali[100].

Poiché la natura non è ancora spirito, consegue che essa non può essere bellezza. E' l'assunto dell'idealismo estetico, in cui il concetto della bellezza è un concetto desunto dalla teoria e non dalla esperienza. Non si constata che il bello della natura non esiste, ma si afferma che non può esserci. E non può esserci perché non può essere predominato dallo spirito. E se non può essere predominato non può neanche essere riconosciuto. Al massimo può essere riconosciuta, all'ipotesi della bellezza della natura, una condizione pre-estetica. Accadrà infatti che mentre all'Arte si darà almeno la dignità di diventare momento essenziale di un trapasso alla sfera della Religione, trapasso comunque riconosciuto dallo Spirito assoluto, altrettanto riconoscimento non sarà dato al bello della natura, il quale non può neanche essere riconosciuto. Come afferma Adorno, il bello della natura si spegne, non ha alcun riconoscimento, né alcun superamento. E' una stella cadente che nel cielo della notte non lascia traccia.

Ma per quanto le teorie postkantiane si siano accanite nel negare bellezza alla natura, per altrettanto la stessa arte si è sempre più impegnata a riproporla, anche se non certamente imitandola e fors'anche correggendola o perfezionandola, come da alcuni si crede. In effetti l'arte non è riproduzione di idee, ma sempre di immagini che portano idee. E se le immagini dell'arte sono totalmente altre dalle immagini della natura che dall'arte viene ricreata, è tuttavia alle immagini della natura che l'arte si riferisce ogni qualvolta essa vuol ricreare bellezza. La natura infatti manifesta la sua bellezza nel richiamo dell'artista e, nelle immagini in cui si propone, essa è sempre linguaggio. E pertanto se l'arte non imita la natura, ne imita tuttavia il linguaggio. Ecco perchè da sempre, e specialmente in questi duecento ultimi anni, malgrado quanto hanno asserito le teorie in contrario, mai l'arte degli artisti (non quella dei filosofi teoreti), si è resa estranea alla natura.

V ANTINOMIA

TEOKALIA

(DELLA BELLEZZA DI DIO):

REALE O METAFORICA?

Si domanda se la bellezza, che comunemente si attribuisce a Dio come sua proprietà, sia un concetto adeguato e riferisca una reale definizione, o sia piuttosto il risultato di un fraintendimento che abbisogna di chiarimento.

Cosa significa pensare la "bellezza in Dio" o pensare "Dio come bellezza", in un tempo in cui la stessa bellezza non riesce a tessere i termini di una sua propria definizione, posta come è in una profonda crisi di identità?

Come è possibile poi, mentre è in crisi lo stesso concetto della bellezza, interrogarsi se essa possa essere un termine definitorio di Dio, che da nessuno è stato mai visto e che nessuno è in grado di averne intellezione per tradurla in una precisa definizione?

Dio nessuno l'ha mai visto e mai nessuno è stato in grado di darcene un'immagine percepibile. Né la bellezza in Dio può trovare analogia con un concetto astratto come la giustizia o la verità. Ciò che di Dio sappiamo si contiene nei termini di una definizione che, di positivo, possiede solo l'affermazione del suo Essere. "Io sono colui che sono" è ciò che Dio afferma di se stesso. Autodefinizione di Dio che molto significa in sé, ma che poco dice per noi. Oltre al fatto che esiste e che esaurisce l'Essere nel suo concetto, di Dio altro non possiamo affermare. Ad altro la ragione umana non può pervenire. E perciò, quale analogia può essere utilizzata per la comprensione della "bellezza di Dio"? E se non vi è bellezza "estetica" che possa costituire il proprium della bellezza di Dio, quale altro tipo di bellezza gli può essere congeniale, in modo che i termini di cui si parla, e cioè Dio e bellezza, abbiano reale riferimento, ma lascino anche intatta sia la nozione del Dio che la nozione della bellezza estetica? Ma se non dovesse essere la bellezza estetica che noi possiamo attribuire a Dio, quale altro tipo di bellezza possiamo riferirgli?

Sono interrogativi a cui è doveroso dare risposte sensate, cioè tali che l'attribuzione della bellezza a Dio non sia il risultato di una benevole ipotesi che si elabora perché Dio stesso non sia privato di sì meravigliosa qualità, ma debba invece essere il risultato di una indagine filosofica dalla quale risulti, con rigore critico, cosa veramente si afferma quando si vuole riferire la bellezza a Dio.

La questione verte dunque se in Dio vi sia bellezza adeguata alla natura di Dio stesso. Verte anche, se la bellezza deve essere attribuita a Dio, su come essa gli possa essere riferita, su quale concetto di bellezza riflettere, perché possa riferirsi a Dio, senza che Dio perda la sua natura trascendente e senza che la bellezza perda il significato che le è proprio di apprensione estetica.

Coloro che non hanno dubbi sulla definibilità della "bellezza di Dio", avvertono con disappunto che altri possano negarla o dubitarne. Verso questi altri, che stentano a credere o che negano la bellezza in Dio, viene dimostrata una certa tolleranza, tanto perchè si sappia che anche nella questione sulla bellezza di Dio è concessa la più ampia libertà di pensiero. Ma è una concessione che, appunto, è dosata nei termini di una malcelata tolleranza. In ogni modo la negazione della bellezza in Dio sembra una posizione strana e, per molti, intollerabile.

Incomprensibile sembra, infatti, che si debba sottrarre all'infinita perfezione di Dio proprio la bellezza, che resta fra le più affascinanti perfezioni delle cose create, sia della natura che dell'arte. Non sembra possibile, infatti, che Dio non possegga in sè ciò che dona ad altri. Infatti le ragioni che sostengono la bellezza di Dio sono modulate sull'inevitabile premessa che tutto quanto è perfezione degli uomini e delle cose (e la bellezza è una delle più riconosciute perfezioni), non può mancare in Dio, che della bellezza depositata nelle cose è creatore ed inventore. E pertanto non è concepibile che la bellezza, di cui si ammantano tutte le cose, sia assente dalla natura di Dio.

Neanche è possibile, se la bellezza debba essere una proprietà di Dio, che essa si riferisca a Dio in termini accidentali. Ciò avviene per le singole cose belle, che non sono bellezza, ma hanno bellezza. Ma se di Dio si deve predicare la bellezza, questa non può che predicarsi in termini essenziali. La bellezza in Dio non può che avere lo stesso spessore dell'essere di Dio e predicarsi in una identità trascendentale. Se la Bellezza la si riferisce a Dio, essa non può che essere assoluta Bellezza , Bellezza in sé .

Quelli che ritengono che la bellezza si addice alla natura di Dio, intendono salvaguardare la dignità di Dio, che non può essere privato di una categoria tanto stimata ed ammirata dagli uomini.

Ma vi sono altri che seriamente dubitano che la bellezza, così come è definita nel suo concetto estetico, possa essere un attributo di Dio. E pertanto non vedono come si possa parlare della bellezza di Dio in modo adeguato ed in termini intelligibili, tenendo ferma la nozione biblico-metafisica di Dio, ma tenendo anche ferma la nozione estetica della bellezza. Pensano cioè che non vi siano serie ragioni che depongono in favore di una fondazione metafisica della bellezza di Dio. Ritengono che la categoria della bellezza riferita a Dio sia piuttosto sostenuta dalla preoccupazione di non lasciare Dio privato di ciò che fra le cose umane rappresenta motivi ineffabili di estasi e godimento.

Per affermare la bellezza di Dio, si sostiene, è necessario avere un concetto definito della bellezza in termini univoci e, quel che più conta, conoscere in che modo essa riverbera in Dio, di cui non abbiamo percezione e compiuta intellezione. La bellezza che si vuole definire in Dio resta niente affatto sperimentabile e, comunque, è inintelligibile anche in quegli elementi definitori con i quali la si potrebbe pensare nel senso analogico ipotizzato.

Anche a voler aderire alla più comune nozione estetica della bellezza, come ciò di cui la stessa apprensione piace [101], resta che la bellezza di Dio dovrebbe essere sperimentabile e percepibile. Infatti la bellezza, formalmente, risiede nell'atto della percezione: Belle infatti sono quelle cose che, apprese, piacciono [102]. La conclusione è che se Dio non può essere "appreso", non si vede come possa essere rilevata. Ma se non può essere rilevata, non si capisce come possa essere affermata.

Prima di procedere nella riflessione sulla bellezza di Dio, di affermarla o di negarla, si ritiene necessario porre i termini della questione in modo che si sappia con precisione di cosa si stia trattando. Si parla infatti della congruenza che si possa parlare della bellezza di Dio .

Ma di quale Dio? Di quale bellezza?

Anzitutto di quale Dio si vuole affermare la bellezza.

Si può infatti parlare del Dio dimostrato o postulato dalla filosofia. Del Dio di Platone, di Aristotele, di Plotino e Dionigi Areopagita, di Tommaso d'Aquino e della filosofia medioevale, di Cartesio o Kant, di Pascal o altri filosofi. Ma si può anche riferirsi al Dio della rivelazione biblica, al Dio di Abramo, di Isacco e di Giacobbe. O anche del Dio trinitario rivelato in Cristo e creduto dalla fede cristiana.

Noi stiamo affrontando la questione delle antinomie che si ripropongono nel campo dell'estetica. La questione riveste perciò un interesse filosofico. Questo ci impone di restare nell'ambito di un rapporto che intercorre fra Dio e la bellezza che si vuole affermare o negare come proprietà di Dio. Ma perché questo sia possibile, è necessario che, sia il concetto di Dio che quello della bellezza, restino nei termini di un concetto che abbia la sua massima possibilità di riferimento, e perciò di un concetto che abbia la minima comprensione dei termini definitori e, conseguentemente, la massima estensione della possibilità dei suoi riferimenti. Ecco perché la bellezza sarà intesa nell'univoca sua nozione di "ciò che piace nella sua apprensione"; mentre Dio sarà inteso come l'Essere trascendente, in sé sussistente, assoluto, incondizionato. È in tal modo che va considerato anche il Dio biblico che si autorivela come "Colui che è"; che è il Dio di Abramo, di Isacco e di Giacobbe; che è anche il Dio che si rivela, in Cristo, nella sua essenza "trinitaria", uno nella natura e trino nelle Persone. Si tratta perciò del Dio speculato dalla filosofia e del Dio rivelatosi nel vecchio come nel nuovo Testamento.

Si vuol sapere se al Dio di Platone e di Aristotele, di Plotino e Dionigi, dell'Ipse suum esse subsistens di Tommaso d'Aquino, di Cartesio e Pascal, di Kant e di altri, che lo hanno dimostrato o postulato come esistente, può essere riferita la categoria della bellezza che noi sperimentiamo nell'atto percettivo di un godimento estetico.

Quale "bellezza" possiamo riferire al Dio dei filosofi?

Ma oltre che sapere di quale Dio si vuole affermare la bellezza, è necessario definire quale "bellezza" intendiamo riferire a Dio.

La domanda è di indole filosofico-metafisica. Pertanto va intesa nel significato estetico, in cui la bellezza è intesa nel significato univoco di "ciò che piace nella sua stessa apprensione". Definizione che ha la minima comprensione dei termini definitori della bellezza stessa e la sua massima estensione.

Dobbiamo perciò rinunciare all'interrogativo se Dio abbia una "bellezza" che sia oltre ed altra da quella della bellezza estetica. Se tale bellezza esiste, a noi non è data rilevarla. Possono rilevarla gli enti spirituali che godono della visione beatifica di Dio, i quali apprendono Dio non "quasi in enigmate", come in uno specchio, ma così come egli è.

Non vi è dubbio che se nella visione beatifica vi è godimento nella visione di Dio, Dio sarà certamente godibile in sé. Ma non vi è anche dubbio che a noi non è dato definire quel godimento in termini di bellezza estetica, lì dove la bellezza è dichiarata come qualità oggettiva (est entis) ed è di indole categoriale (non est ens). Se a Dio si vorrà attribuire una bellezza, in Dio essa non può essere di indole categoriale; non la si può attribuire come una qualità dispositiva, di natura accidentale. La bellezza, se è in Dio, non può che identificarsi con Dio stesso. In tal caso la "bellezza" sarebbe Dio stesso, e Dio sarebbe la bellezza in sé. Lo sarebbe nella sua natura divina, lo sarebbe da sempre, lo sarebbe etiamsi a nullo cognoscatur. Ma in tal caso non si tratterebbe ovviamente della bellezza estetica, che è certamente oggettiva, ma di natura categoriale (est entis); che è una qualità dispositiva e che di fatti non esiste lì dove manca una capacità percettiva che la rilevi.

Se parliamo del Dio in sè, del Dio speculato dalla riflessione filosofica, del Dio nel suo essere, prima che si rivelasse nell'Antico Testamento, del Ipse suum esse subsistens, è ovvio che si tratta di un Dio di cui ci si può formare un concetto certamente inadeguato, per lo più negativo, nel senso che di lui possiamo sapere cosa non può essere, piuttosto che sapere cosa egli è.

Quando Mosè tentò di carpirgli qualcosa che potesse in certo modo definirlo, il Dio di Abramo, Isacco e Giacobbe non portò ulteriore determinazione che liberasse Mosè dalla profonda ignoranza di Dio.

Io sono colui che sono è ciò che affermò Dio di se stesso. Ma non è una definizione. Non si tratta di una definizione concettuale, e neanche descrittiva. Sembra essere piuttosto un perentorio invito a desistere dall'indagare sulla sua natura, e a contentarsi piuttosto di ritenere che egli sia in quel che si manifesta, e cioè creatore ed emmanuele, Dio con noi. Dio siamo indotti a conoscerlo solo in quel che fa, non in quel che è. Quando Dio lo vogliamo conoscere al di fuori della sua rivelazione, lo sforzo massimo della filosofia è averlo pensato come sommo bene, pensiero del pensiero, atto puro, suo stesso essere sussistente. Termini che nella loro connotazione positiva dicono sempre e solo ciò che massimamente noi possiamo pensare di Dio.

E' ovvio perciò che di un tale Dio, sconosciuto e per nulla decifrabile in quel che egli è in sé, non sappiamo quale bellezza attribuirgli. Non possiamo immaginare in che senso e in ragione di quale concezione della bellezza egli possa essere bello. Di un essere che può solo essere affermato che è, e di cui si può ritenere che sia quel che è; di un Dio di cui si deve parimenti affermare che, quel che egli è nel suo essere, è a noi sensitivamente ed intellettivamente ignoto ed inintelligibile, è evidente che nulla possiamo affermare di quella categoria della bellezza che, unica, è possibile sperimentare agli uomini.

Bellezza di Dio e del "concetto" di Dio?

Sarà possibile, come si è detto, che gli angeli sperimentino altra bellezza e con affezioni di indole propriamente angeliche. Ma se questo avviene, si tratterà della bellezza di un Dio di cui sanno chi sia e di cui non ignorino la natura.

Non vi è dubbio che pensare Dio in quel che è, essere perfetto, eterno, immutabile, onnipotente ed onnisciente; pensare che nella creazione traduce in termini di esistenza gli enti, che li sostiene nell'essere e nella loro disposizione ad essere quello che sono; infine che è anche trinitario nell'unità della sua natura, è certamente bello. E' una nozione che, nella apprensione che se ne ha, genera godimento anche estetico. Ma l'apprensione che si ha di Dio non è la stessa cosa del Dio che sperimentiamo in quella apprensione. Se si pensa Dio, non si può che pensarlo fornito della bellezza.

E' la stessa nozione di Dio che genera godimento nella sua apprensione. In tal senso è ovvio che il concetto di Dio è, fra l'altro, un concetto che genera godimento anche estetico. Non vi è dubbio che, posta una certa essenza, qual è l'essenza di Dio, sono per ciò stesso poste tutte quelle determinazioni che quella essenza postula. Fra tali determinazioni non vi è dubbio che vi è la categoria della bellezza. Ma tali determinazioni saranno necessariamente poste nello stesso ordine in cui è posta l'essenza a cui esse fanno riferimento. Se dunque l'essenza di Dio postula la determinazione della bellezza, tale bellezza sarà posta nello stesso ordine in cui è posta l'essenza di Dio. Ma se Dio è posto nell'ordine del "pensato", che è poi l'unico modo in cui Dio lo percepiamo, anche la sua bellezza risulterà consistente come "pensata". Ciò significa che è vero quello che si ritiene dai più, e cioè che Dio non lo si può pensare senza la categoria della bellezza. Ma non consegue che la bellezza che troviamo nella nozione di Dio, sia la stessa bellezza di Dio. Se si pensa Dio come essere perfetto, è ovvio che lo si deve necessariamente pensare fornito di ogni perfezione, compresa quella della bellezza. Ma essa esisterà di fatto nello stesso ordine in cui è posta la nozione di Dio. La conclusione è che Dio non lo si può pensare sfornito della perfezione della bellezza pensato. Ma una cosa è dire che è bello pensare Dio o il pensiero di Dio, altra cosa è invece ritenere che Dio in sé è bello e che gli si addice in termini ontici la bellezza.

La bellezza che si attribuisce al Cristo, Uomo-Dio

La questione della "bellezza di Dio" può anche essere trattata in riferimento alla persona reale del Cristo, Uomo-Dio.

Si tratta del Dio rivelato nella pienezza dei tempi da Gesù di Nazareth, che diceva di aver visto Dio, di averlo conosciuto come Padre e, perciò, di esserne Figlio, e dunque di essere, al pari dello Spirito Santo, della medesima natura del Padre. Si tratta della più alta rivelazione che Dio ha fatto di se stesso nella costituzione della sua unica natura nella Trinità delle persone.

In questo caso noi sappiamo molto di più di ciò che i filosofi e pensatori del Dio concepito dal pensiero, ma non definito dalla rivelazione, hanno potuto dire. Si tratta infatti di una nozione di Dio che ne manifesta la ricchezza e sublimità. Tuttavia anche tale ricchissima notizia di Dio, tale nozione sublime che nessuna intelligenza umana avrebbe potuto prospettare, resta a noi una nozione intelligibile nel mistero che rivela, una nozione meravigliosamente prospettata in una condizione eterna ed interminabile, in cui Dio rivela se stesso in quel che egli è nella sua natura ab intra, e cioè interminabilis vitae tota simul et perfecta quietatio . Anche nei termini della rivelazione di sé , noi continuiamo a conoscere Dio nei termini in cui egli si è rivelato. E nei termini di siffatta rivelazione, noi non conosciamo Dio in sè, perché, in quegli stessi termini, nessuno l'ha mai visto né alcuno vi è stato e vi sarà che possa vederlo o averne intelligenza appena comprensiva.

LA BELLEZZA DI DIO NELLA FILOSOFIA PLATONICA

E CRISTIANO-MEDIOEVALE

LA BELLEZZA DIVINA IN PLATONE

Platone, elaborando il suo sistema, pensò Dio come fonte di partecipazione di ogni altra realtà esistente. Ed in quanto fonte di partecipazione degli esseri, partecipando la bellezza alle cose belle, Dio si dichiara nella definizione della somma bellezza. Dio è l'Idea suprema di bellezza, della quale si rivestono tutte le cose belle. Oltre che Unità e Bontà, Dio è ipostatica Bellezza.

In effetti, in Platone si ha la prima affermazione e teorizzazione della "teokalia", " del Dio concepito come Kalìa, Bellezza in sé, origine e fine di ogni altra bellezza partecipata nelle cose.

La Teokalìa platonica è in effetti la prima e più risoluta affermazione dell'Idea della bellezza, che trova in Dio la sua sistemazione ontologica e la sua definitiva ipostatizzazione. In Platone è realizzata l'istanza socratica di elevare a livello di concetto la bellezza. Ma è un concetto che esorbita l'istanza logico-critica di Socrate, portandosi ad ulteriori determinazioni che attingono la consistenza di una prima teorizzazione della bellezza caricata di ontologia. Perché la bellezza delle cose è essa stessa resa possibile solo dall'aggancio alla assoluta Idea-Bellezza.

Assoluta, non solo perché scissa da ogni condizione, ma specialmente perché rende possibile ogni altra ulteriore bellezza determinata. Infatti le cose belle sono tali solo nella connessione originaria della Bellezza in sé, la quale resta un termine logico per la comprensione della bellezza delle cose particellate; ma resta anche il riferimento ontologico per rendere ragione dell'esistenza stessa delle altre cose belle, che in quella assoluta Bellezza trovano intellezione e consistenza.

Socrate riteneva che per parlare della bellezza delle cose, della bellezza se ne dovesse avere il concetto. Platone, superando l'istanza socratica, ritiene che tale concetto socratico, di natura puramente logico, era possibile formularlo solo in termine di statuto ontologico. Il concetto della bellezza non può essere inteso, secondo Platone, che in riferimento alla consistenza ontologica di una Idea, se si vuole parlare di Bellezza in sé, che si pone a condizione della possibilità di ogni altra bellezza.

Una bellezza di sua natura stupenda, e precisamente quella, o Socrate, per la quale si erano curati tutti i travagli precedenti, quella che innanzitutto è eterna, che non diviene e non perisce, che cresce e non scema; e poi che non è bella per un verso e brutta per un altro, né a volte sì e a volte no, né bella rispetto ad una cosa e brutta ad un'altra, né qui bella e lì brutta, o bella per alcuni e brutta per altri. Né, per di più, la bellezza prenderà ai suoi occhi la forma come di un volto o di una mano o di alcunché di corporeo, né di un discorso o d'una scienza o di qualcosa sia in un altro, in un animale, poniamo, o in terra o in cielo o dove che sia; ma gli apparirà qual' in sé, uniforme sempre a se medesima, e tutte le altre cose belle, partecipi di essa in tal modo che, mentre queste altre divengono e periscono, essa non diviene punto né maggiore né minore, e non soffre nulla [103].

Convengono due osservazioni alla comprensione esegetica del passo citato dal Simposio.

La prima procede da un'istanza esegetica: la nozione di bellezza che si ricava dal Simposio è propria di Socrate, nel senso esposto dal suo intervento al Simposio, o non è piuttosto il pensiero di Platone attribuito a Socrate?

In Ippia I è certo che si espone il pensiero di Socrate, inteso a convincere Ippia della necessità di pervenire alla nozione universale di bellezza per poter discutere con costrutto delle cose belle, anche se già in quel dialogo socratico si afferma che le cose fossero belle in virtù della loro partecipazione alla Bellezza universale, alla Bellezza in sé. Lì tuttavia si avverte che la ricerca socratica dell'universale sembra essere di indole logico-conoscitiva. Si fa lo sforzo di averne un concetto, e perciò di pervenire ad una definizione. E tuttavia, anche nell'Ippia I, il concetto logico sembra possedere una certa consistenza ontologica. Quando infatti Socrate domanda: Allora la bellezza è anche qualcosa di reale?, Ippia risponde che è una domanda alla quale è ovvio che si risponda affermativamente: Reale certo, perchè domandarlo? [104].

Con le tante possibili riserve, non sembra che per Socrate si possa parlare di una reale sussistenza della bellezza. A dire di Aristotele, Socrate non giunse mai all'affermazione della realtà-ipostasi dell'universale. Socrate non considerò mai separati gli universali. Fu Platone che diede ai concetti socratici un'ontologia separata, chiamandoli Idee[105].

Ci sono studiosi che ritengono di dissentire dal giudizio di Aristotele, il quale avrebbe giudicato Platone in funzione delle proprie categorie teoretiche[106]. Le affermazioni restano tuttavia ipotesi. Ma vere o errate che siano, quello che a noi è dato concludere, dal tenore del discorso di Diodima fatto a Socrate e da altri passi del Simposio, è che la bellezza di cui parla Platone non è semplicemente un concetto, un universale astratto, ma una realtà oggettiva o oggettività reale. E' un universale che è reso Idea: che non è nelle singole cose e che non resta soltanto un universale astratto della mente. E' un ideale, ma è anche un sussistente che non si colloca soltanto all'interno della mente umana.

La seconda osservazione concerne la certezza o meno che Platone, nella idea di Bellezza in sé, e perciò nella l'Idea della bellezza, abbia inteso definire l'idea di Dio. Ci si domanda cioè se Platone abbia realmente voluto identificare l'idea della Bellezza sussistente con la natura stessa di Dio, in modo che la Bellezza in sé fosse un termine definitorio di Dio.

Per quanto credito abbia avuto la teo-filosofia di Platone da parte del pensiero cristiano, non vi è dubbio che la nozione di Dio, sia in Platone che in Aristotele, ha poco a che vedere con la nozione del Dio della rivelazione biblica delle religioni monoteistiche. Se parliamo di una possibile teokalìa in Platone e Aristotele, è ovvio che il discorso scorre sul filo delle più ampie analogie. Il nostro appunto verte piuttosto sull'ipotesi di una bellezza divina che attinge l'essere di Dio, che la si vuole ritenere propria della natura di Dio in quanto termine di una bellezza estetica . Noi ci domandiamo se la categoria della bellezza, per la quale diciamo belle le cose belle, possa essere riferita come attributo divino; e se è possibile, si discutono i termini stessi del riferimento e se la stessa bellezza di Dio possa costituire il tema-problema di una bellezza definita nel suo significato estetico, cioè come ciò che piace nella stessa sua apprensione.

Se ci soffermiamo a riflettere il pensiero teo-filosofico di Platone, è perchè troviamo i prodromi di una riflessione portata sulla bellezza come determinazione della Divinità. E pertanto la riflessione sull'estetica del divino in Platone pensiamo che crei un punto di qualificazione e di partenza altamente significante per il seguito della speculazione estetica, portata sul tema della Teokalia o della Bellezza di Dio.

Restando esclusa la nozione di un Dio personale, qual è propria delle teologie monoteistiche rivelate, il riferimento possibile è la nozione filosofica propria della speculazione sistematica platonica, che, fra l'Uno-Buono-Bello e le cose dell'esperienza umana, si esaurisce nell'ambito delle classiche determinazioni della metessi e della mimesi. Questo per dire che va preliminarmente esclusa una interpretazione creazionista del rapporto di partecipazione fra Dio e l'essere delle cose.

La prima annotazione che consegue è che se a Dio può essere attribuita la categoria della bellezza, non può trattarsi della bellezza estetica, cioè di quella bellezza che consegue alla contemplazione della visione o a quella della percezione. Si tratta infatti di una bellezza indefinita, di cui si possiede una non chiara nozione. Se la Bellezza di Platone non è una realtà separata, nel senso di una res ideale che se ne sta nell'iperuranio a contemplare se stessa, è certamente una Idea senza collocazione di spazio e senza immagine da contemplare; il cui concetto è un concetto derivato e mai de-finito. La sua definizione è nei termini delle sue relazioni con le imitazioni o le partecipazioni che genera. Pertanto, quello che si può dire della bellezza platonica di Dio è definito nella ampia distesa del bello , il gran mare della bellezza , che è eterna e non diviene, non cresce né diminuisce, che è incorporea ed uniforme a se medesima, che si partecipa ad ogni altra bellezza. Si tratta del de ipsa essentia pulchri , che tuttavia non si riesce a sapere che cosa sia precisamente in sé e nella sua definizione. E tuttavia non vi è dubbio che tali determinazioni, attribuiti alla bellezza non mai definita in termini propri e che pertanto continuiamo a non sapere cosa sia in sé, sono attributi che si addicono alla natura di Dio, del quale invece possediamo la nozione e che perciò riusciamo a definire in termini concettuali.

Sappiamo però che la bellezza in sé , che può essere affermata come bellezza di Dio o Dio come bellezza, è rilevata come causa attrattiva dell'eros, cioè dell'amore. Essa è dunque bellezza, non tanto perchè esteticamente godibile, ma perchè è amata. Non la contemplazione o la visione estetica presiede dunque alla definizione della bellezza in sé, ma l'essere essa il punto di riferimento e di partecipazione di ogni altra bellezza. E' bellezza non-definita, e perciò indefinita, proprio perché infinita e senza tempo, inesauribile e senza collocazione spaziale, incorporea e perciò impercettibile. La si coglie nell'atto dell'amore, che certamente tende alla bellezza, ma che nel contempo finisce per perdere i limiti della propria connotazione. Ma la distinzione dei termini e la reciproca relazione è talmente indefinita da annullare gli stessi termini di distinzione. La bellezza che motiva l'amore finisce così per esaurirsi nei termini stessi del riferimento dell'amore. Il Simposio del resto, più che un trattato sulla bellezza, è un discorrere sull'amore. E' così che Dio è bellezza, perchè ad esso tende l'amore. Ma è anche l'amore che, in quanto bene atteso, si definisce bellezza.

Intesa in tal senso la definizione della bellezza di Dio si determina piuttosto in un necessario riferimento alla identità trascendentale con il Bene. E se veramente l'Idea platonica della bellezza in sé può anche dirsi Bellezza di Dio , ciò dipenderà da due verifiche di condizioni: la prima è che la Bellezza in sé, nel pensiero di Platone, si identifichi con il Bene in sé; la seconda è che il Bene in sé, sempre secondo lo stesso Platone, lo si possa veramente reclamare in una più chiara identità con la definizione di Dio.

Non vi è dubbio sulla chiarezza con la quale Platone accosta il Bene al Bello. L'insistenza sulla identità delle due Idee non è sufficiente per decidere si di essa. In effetti le due Forme-Idee hanno una loro precisa distinzione non solo terminologica. La Bellezza dice altro dalla Bontà. Così come si distingueranno la Giustizia assoluta, la Temperanza e la Scienza assoluta. Godono della stessa assolutezza che si addice ad ogni

Idea, ma si spiegano in una precisa distinzione. Così che nel loro proprio significato presentano una chiara distinzione. La Bellezza non dice, nel senso nominale e reale, la stessa cosa che dice la Bontà.

Sta di fatto però che l'assoluta Bellezza e l'assoluta Bontà convengono nell'essere ambedue principio supremo unificante. Tutte le idee o Forme o Essenze universali sono modelli sui quali il Demiurgo lavora per la sistemazione delle cose del mondo empirico, ma sola alla Bellezza assoluta e alla assoluta Bontà è dato di essere Principio unitario fondamentale, e le scienze delle singole realtà empiriche, che si ricollegano alle rispettive Idee-Forme, hanno un processo di ascesi che si compie mediante e nella scienza della Bontà e Bellezza assoluta.

Ora, mentre nel Simposio come principio unificante fondamentale viene proposto la Bellezza, nella Repubblica, invece, il principio fondamentale unificante diventa la Bontà. L'identità fra l'assoluta Bellezza e l'assoluta Bontà non è ancora chiaramente affermata, ma a noi è lecito supporla nella consistenza del loro convenire di essere il medesimo Principio supremo unificatore e fondamentale. Privilegio che Platone non ritiene di attribuire ad alcuna altra Forma-Idea, fra quelle che costellano il mondo dell'Iperuranio.

Se dunque è probabile l'identità della suprema Bellezza e della suprema Bontà, ed ambedue le Forme concludono il loro processo di identificazione nell'essere il medesimo principio, logico ed ontologico, delle cose, e se, come afferma Aristotele[107], Platone identifica il Bene con l'Uno, nella identità dell'Uno-Bene-Bello noi troviamo già compiuta la triade dei termini che comporranno le proprietà trascendentali dell'Essere, tanto care alla speculazione dell'ontologia medioevale. E pertanto si può concludere che la somma Bellezza, Bontà ed Unità costituiscono in termini trascendentali quel medesimo ed unico Principio fondamentale che rende possibile il collegamento di ogni scienza ed ontologia delle altre Idee-Forme. Le quali costituiscono, a loro volta, il principio di riferimento di ogni altra realtà del mondo dell'esperienza. Hanno infatti distinzione di ragione, ma si propongono in una identità di costituzione.

L'identità trascendentale fra l'Uno, il Bene ed il Bello non è ovviamente una dichiarata affermazione platonica. Platone non ha mai proposto il tema delle proprietà trascendentali dell'Essere, nei termini in cui noi l'abbiamo concluso. Ma non possiamo essere lontani dalla ragionevolezza quando concludiamo sulla identità delle tre Idee-Forme che, viste nella loro determinazione ontologica e nella loro funzione logico-conoscitiva, possiamo riferire alla Bellezza, così come si presuppone dell'Uno, quello che Platone dice del Bene, e cioè che esso è non solo la sorgente della intelligibilità di tutti gli oggetti della conoscenza, ma anche del loro essere e della loro esistenza.

Conveniamo perciò con la conclusione che trae il Copleston quando ritiene che ciò significa che l'idea del Bene - e noi aggiungiamo della Bellezza e dell'Uno che costituiscono il medesimo Principio - trascende l'essere, perché sta sopra tutti gli oggetti visibili ed intelligibili, mentre d'altra parte, come Reale supremo, vero Assoluto, esso è principio dell'essere e dell'essenza di tutte le cose[108].

Resi certi dalla possibilità che l'Uno, la Bellezza e il Bene convengono nell'imporsi come principio dell'esistere e dell'essere delle cose, e che perciò nel Principio istituiscano la loro identità essenziale, pur nella distinzione di ragione con cui noi li determiniamo, resta da vedere se la bellezza-ipostasi che abbiamo identificato con il Bene e l'Uno possa essere categoria definitoria di Dio, e se Dio possa essere costituito nella suprema Bellezza di cui Platone ha parlato nel Simposio. Infatti stiamo trattando non della matura metafisica delle Idee-Forme, ma piuttosto di una possibile Teokalìa presente nel pensiero platonico, cioè di una bellezza che possa definire la natura di Dio e del modo in cui eventualmente la stessa bellezza possa aderire alla natura divina.

E' da escludere che il Dio accostabile in termini analogici a quello monoteistico dell'ebraismo e del cristianesimo possa essere ritenuto il Demiurgo platonico. Così come non è anche ipotizzabile che Platone abbia pensato ad un Dio che sia principio e termine del mondo delle Forme in termini creazionisti. Il Demiurgo platonico infatti è un'esigenza che scaturisce dalla necessità di trovare ordinamento nella costituzione delle Forme e nella loro relazione con la realtà dell'esperienza terrena. In tal senso il Demiurgo si presenta piuttosto come un principio esplicativo e di ragione dell'intero universo. E perciò è esclusa ogni consistenza ontologica e tanto meno la definizione di una ipostasi personale. Il Demiurgo platonico non possiede una consistenza ontologico-personale. Nel Demiurgo è evidente l'allusione mitica. Lo stesso Platone lo ritiene conclusione di un ragionamento probabile [109]. Né il Demiurgo è definito nella natura di un principio costitutivo dell'esistere e dell'essere delle cose. Non ha azione partecipativa, né è soggetto ad imitazione. Non è Idea, ma media le idee rendendole termini di relazione con le cose, che dal disordine condusse all'ordine . Platone chiama il Demiurgo dio non tanto perchè si afferma la sua natura di essere reale necessario ed eterno. E' un dio ipotetico, sulla cui consistenza non è assolutamente prudente fidare. L'ipotesi del Demiurgo resta ipotesi in un contesto di mera probabilità. Timeo infatti non ha modo di assicurare Socrate su tale ipotesi che presentare ragioni appena probabili, di cui conviene contentarsi ricordando come io che parlo e voi miei giudici abbiamo natura umana, cosicché, accettando su queste cose un mito verosimile, faremo bene a non cercare più in là [110].

Nell'intera struttura del sistema filosofico platonico, è ovvio che non vi può essere vera attendibilità su di una ipotetica concezione "estetica", nel senso sopra discusso, di un Dio ipostasi e tanto meno pensabile in termini di "persona", anche se di natura spirituale e soprannaturale, qual è quella che emerge dalla cultura ebraico-cristiana. Certamente la somma Bellezza ha la stessa caratura ontologica del sommo Bene e dell'Uno che, insieme, formano il Principio. E' un'idea e forma suprema che ha funzione logica ed ha nel contempo costituzione ontologica. Ma la Bellezza assoluta di Platone non è certamente la Bellezza di Dio o il Dio-Bellezza di cui noi si va alla ricerca nell'approfondimento della possibilità di introdurre alla fondazione di una reale Teokalìa. E del resto, si può rilevare come nella tessitura del sistema platonico non solo resta incerta ed insicura la nozione sulla reale natura di Dio, ma la stessa nozione della bellezza richiesta come precondizione dalla ricerca socratica è in realtà poi impoverita dalla mancanza di una definizione minima concettuale, sulla base della quale è possibile iniziare qualsiasi discorso costruttivo.

La bellezza platonica è carica di ontologia ed è certamente nobilitata nella sua funzione di essere termine dell'amore. Ma anche se somma, eterna, immutabile, non sappiamo però cosa realmente sia in sé, proprio perché di essa non si ha che una definizione descrittiva nelle sue funzioni logiche. Certamente la nozione dell'assoluta Bellezza teorizzata da Platone, ha il limite di non riferirsi ad una bellezza definita in termini di concetto. Vi è un'assoluta bellezza che è supposta con delle valenze ontologiche definite. Ma non sappiamo cosa essa sia in sé; né di essa Platone ci dà una chiara e precisa definizione.

Si tratta perciò di una Teokalìa abbozzata ed incompiuta, proprio perché abbozzata è l'idea di Dio ed incompiuta resta la nozione di bellezza. Quello che resta dell'estetica platonica è l'esaltazione mistica di una Bellezza assoluta in sé, che è condizione dell'intelligibilità e dell'essere di ogni altra bellezza partecipata. Ma cosa sia la bellezza, è un tema che resta ancora problema. E pertanto, il tema stesso della Bellezza di Dio in Platone, resta certamente ampiamente sviluppato, ma ancora problema sostanzialmente irrisolto.

Se anche si vuol parlare di una bellezza "divina", con l'apposizione di categorie che definiscono il divino, non si tratta certamente della bellezza di Dio. Della bellezza cioè che gli adoratori del Dio unico e personale attribuiranno a Dio come suo costitutivo, riferente l'Essere, che, in tal modo, con l' Uno Vero e Buono è anche Bello.

Se la Bellezza di cui parla Platone ha la definizione che attinge la massima essenzialità metafisica, resta tuttavia la bellezza dell'Idea o la Bellezza-idea. La Bellezza, che sarà la definizione di Dio, e il Dio, che sarà la bellezza stessa, avrà la più chiara comprensione quando si perverrà alla nozione del Dio-persona, annunziato nella teologia ebraica e perfezionata in quella della speculazione cristica.

LA BELLEZZA DI DIO NELLA FILOSOFIA CRISTIANA

La Patristica e la Filosofia cristiano-medioevale hanno posto in giusto rilievo la riflessione sul tema-problema della "pulchritudo"[111].

Tema e problema che è stato considerato non in una prospettiva estetica, così com'è intesa quella a noi contemporanea, ma in termini teologico-metafisici, per i quali il riconoscimento "ottimistico" della totalità delle cose create consegue alla presupposizione "creazionista", per la quale tutto è buono ciò che proviene da Dio. E poiché la bellezza che si sperimenta nelle cose non può essere pensata che come partecipazione divina, a Dio stesso viene conseguentemente riconosciuta la categoria della "bellezza", come costitutivo del suo essere e come costitutiva di ogni altra bellezza creata.

Il concetto è bene espresso nel termine pankalìa, caro agli stoici, ma che nell'estetica cristiana assume un significato teologico, per il suo riferimento all'ottimismo creazionista[112].

Se la bellezza è partecipata nello stesso atto creativo, Dio dovrà necessariamente possederla nel modo consentaneo al suo essere divino, cioè in modo eminente. La "pulchritudo" non può dunque che annoverarsi tra i Nomi Divini[113].

Dio è "somma bellezza". Partecipandosi nell'atto creativo, nello stesso spessore dell'essere partecipato, è misurata la relativa bellezza delle cose. In tal modo, la teologia della partecipazione creazionista introduce l'ontologia della bellezza creata.

Per la Patristica e per la Filosofia medioevale, il tema della bellezza di Dio è soprattutto un problema d'indole metafisico-teologico; certamente teleologico, ma certamente non estetico nel senso che comunemente viene inteso dai moderni..

La premessa teologica e l'indole ontologica della bellezza preannunciano il suo statuto oggettivista. Oltre che essere partecipazione di Dio, la bellezza delle cose è nelle cose stesse e pertanto, insieme all'indole ontologica, se ne dichiara anche l'indole oggettiva. L'oggettività della bellezza è restata una tesi permanente e non mai discussa per l'intero arco del pensiero estetico antico e medioevale. La bellezza è "oggettiva" e risiede nelle cose. Dio la modella nell'atto creativo delle cose stesse.

Con le varianti proprie del creazionismo cristiano, l' in sé della bellezza platonica e la bellezza in sé a cui fa riferimento l'istanza socratica, sono riproposti in Dio come somma ed eterna Bellezza , della quale si partecipa ogni altra bellezza creata.

L'estetica patristica e medioevale ha così fissate le linee definitorie della bellezza: è delle cose e nelle cose.

E' proprietà oggettiva ed informa l'essere. E' partecipazione della somma Bellezza, che si ripropone nelle cose belle. Tanto sono belle, quant'è lo spessore del loro essere. La bellezza è così costituita in una precisa ontologia.

In siffatta concezione teo-ontologica della bellezza, sono poste le premesse per l'affermazione conseguente della trascendentalità del bello, che sarà speculata nel pensiero di Dionigi e che sarà fatta propria dalla metafisica medioevale.

La bellezza come categoria partecipata, l'oggettività e lo statuto trascendentale, sono le tre costanti del pensiero estetico della filosofia patristica e medioevale.

Non vi è dubbio che un approccio al tema estetico è presente nella filosofia cristiana, specialmente in quella patristica greca e in sant'Agostino. Ma anche se nasce nell'alveo della teoretica greca, l'estetica cristiana sorge e si sviluppa con la condizione della premessa della Bibbia e di ciò che era già acquisito dalla riflessione teologica. Perciò, il primo ed originario tema estetico sulla natura della bellezza, sviluppato già nella filosofia antica, specialmente in Socrate, Platone ed Aristotele, non poteva che essere pensato in termini di oggettività, partecipazione e trascendentalità, cioè in termini ontologico-metafisici e con la premessa dell'ottimismo creazionista. La premessa teologico-biblica, in merito al problema estetico, è certamente una precondizione, ed incide nella determinazione di una precisa cultura, in cui i temi estetici nascono e si sviluppano.

Intanto è una verità storica riconosciuta: l'ontologia della bellezza, come la sua trascendentalità, non trova il beneplacito esplicito della premessa biblica, sia nell'antico che nel nuovo Testamento. La premessa biblica del creazionismo conforta la tesi dello spessore ontologico della bontà delle cose. Ma non conforta la tesi dell'ontologia e della trascendentalità della bellezza.

Il creazionismo biblico-cristiano è altro ed oltre il tema della pulchritudo creationis. La concezione biblica impegna in interessi che non sono quelli estetici propri della filosofia greca. Tuttavia, se di estetica la patristica dovrà interessarsi, le mosse d'inizio non potranno che sottostare alla premessa biblica dell'ottimismo, evocato dalla narrazione biblica dell'origine delle cose che sono e sono ritenute buone. Come si vedrà in seguito, se le cose saranno belle, lo saranno in ragione della loro bontà. Anche quando la bellezza non la si terrà in modo esplicito un trascendentale dell'essere, il suo accostamento alla bontà sarà un criterio comune di approccio al problema della bellezza, anche a quella di Dio.

LA BELLEZZA DI DIO NELL'ANTICO TESTAMENTO

La teologia e l'ontologia metafisica della bellezza non hanno una premessa confortante nella Bibbia, né vetero né neo testamentaria.

Non la bellezza, ma l'amore è la definizione di Dio. Mai, in tutto l'arco dell'antico Testamento iniziato dal Genesi, la bellezza è stata un "nome" di Dio. E' ammirata la bellezza delle cose; mai la bellezza di Dio o Dio come bellezza. La pankalìa non è collegata alla teokalìa.

Dio non ha immagine: nessun attributo gli si addice che comporti riferimento a qualsiasi immagine materiale o percepibile dai sensi. Dio è grande ed onnipotente, e la sua economia è quella di portare a salvezza il suo popolo. E' anche immenso ed eterno e di sé pervade ogni cosa. Ma la categoria della bellezza non è menzionata, né è pensata. L'enunciato del Genesi che ogni cosa creata è buona (= E Dio contemplò tutto quello che aveva fatto e vide che era molto buono), non giustifica di per sé la nozione della pankalìa, cioè della bellezza estesa ad ogni cosa, di quella bellezza estetica a cui in seguito si farà riferimento. Fu la versione greca dei Settanta che tradusse il termine ebraico buono con quello greco di bello (kalòs). In realtà, ciò che il Genesi rivela è che tutto ciò che è creato è frutto dell'intenzione di Dio, che tale intenzione è rispettata nella creazione e che, pertanto, ogni cosa è rispondente al pensiero di Dio, è buona ed utile.

Anche se non intenzionata ad esprimere un concetto estetico, che ovviamente non poteva essere quello ebraico, la traduzione greca dei Settanta[114], sta all'origine del frainteso, introducendo l'idea della bellezza del mondo nel contesto della creazione biblica. In seguito tale idea sarà corretta dalla Vulgata latina di Girolamo (347-420), il quale tradurrà il termine kalòs greco con quello latino di bonum. Tuttavia la nozione ormai acquisita della pankalìa applicata alla creazione resterà permanente nella cultura cristiana, dal medioevo fino ai tempi nostri.

Non si potrà dire altrettanto per quanto concerne la bellezza che è riconosciuta nelle cose. I testi in cui è ammirata la bellezza delle cose sono molti e variamente dislogati. Ma sono testi che, nel loro significato contestuale in cui è chiara l'influenza culturale ellenica, non tendono direttamente all'esaltazione della bellezza che è posta nelle cose, alla loro bellezza estetica, quanto piuttosto al riconoscimento dell'onnipotenza creativa di Dio che nella bellezza delle cose si manifesta.

La facies speciosa di Dio di cui si tratta nel Cantico dei Cantici II 14, tende piuttosto ad evocare la capacità di Dio di suscitare nel credente il godimento e l'estatico piacere di adorarlo ed amarlo.

Il popolo ebraico non ha enfasi per la bellezza delle cose. L'evoca, l'ammira e anche la esprime in mille modi nell'intera letteratura biblica, gran parte della quale è lirismo e poesia. Ma non si esalta nella bellezza delle cose in sé considerate. Il suo valore è sempre riportato all'azione e all'inventiva provvidente di Dio.

L'affermazione di Filone d'Alessandria, del II secolo a.C. e contemporaneo all'edizione del Libro della Sapienza, conoscitore autorevole del pensiero ebraico, secondo la quale il divino e il non creato è sempre più bello della bellezza , più che affermare la bellezza di Dio, vuole piuttosto dichiarare l'oltre e l'altro di Dio rispetto alle bellezze delle creature. Nel concetto della partecipazione creativa di Dio è assente il proposito che dalla bellezza delle cose si possa assurgere alla bellezza di Dio. E' proposta l'esistenza e l'onnipotenza di Dio, non la sua bellezza.

Il libro della Sapienza XI 21, dove si afferma che Dio dispose omnia in mensura et numero et pondere , ha fatto ritenere ad alcuni esegeti che in quei termini fossero alluse quelle che saranno poi le categorie proprie dell'estetica patristica e medioevale. In realtà i termini mensura et numero et pondere rivelano piuttosto la provenienza non religiosa ma filosofica, pitagorico-platonica, dei significati. I termini biblici di misura-numero-peso non hanno alcuna connotazione estetica. Suggeriscono la saggezza di Dio che tutto dispone con misura, calcolo e peso.

Fu giustamente notato che i termini, oltre che informati da significati ellenici, appartengono allo specifico tema sapienziale e biblico-poetico. Tuttavia non si propongono di affermarsi come categorie definitorie della bellezza, anche se in seguito la filosofia cristiana, patristica e medievale, li riterrà idonei per la definizione della bellezza estetica.

La conclusione che traiamo è ovviamente a conferma della nostra tesi. E cioè: non vi sono elementi che possano concludere per una definizione biblica di Dio come bellezza o della bellezza di Dio.

Il creazionismo induce certamente all'affermazione dell'oggettivismo estetico, si tratti di oggettivismo categoriale o di oggettivismo trascendentale, dove la bellezza coincide con lo spessore dell'essere.

Nell'Antico Testamento, non vi è dubbio che la bellezza non è necessariamente una connotazione di Dio. L'accostamento della bellezza delle cose a Dio non è tanto per ritenere la bellezza un Nome divino, quanto per affermare che la bellezza delle cose riconduce all'inventiva poetica e creatrice di Dio.

LA BELLEZZA DI DIO NEL NUOVO TESTAMENTO

Il Nuovo Testamento disvela l'Antico e lo interpreta alla luce della rivelazione di Cristo.

Anche nel Nuovo Testamento idee e concetti estetici riferiti a Dio sono poco presenti e meno rilevanti. Il termine kalòs è certamente usato, ma non ha significato estetico. Il contesto in cui è usato è etico, e il termine greco kalòs ha la sua più ovvia traduzione nel corrispettivo termine bonum.

Kalòs lo si attribuisce al "pastore" così come alla "legge". Ma non c'è richiamo della bellezza estetica. Si tratta infatti del buon pastore e della buona legge.

Il Nuovo Testamento ripete l'indifferenza del Vecchio per quanto concerne la stima della bellezza in sé. Se a volte indugia sulla notazione della bellezza di cose e di uomini, così come si dice di Davide e Assalonne, di cui si annota il bell'aspetto, mai si indugia nella descrizione dei connotati della bellezza. Né al Cristo si applica la bellezza, così come gli si applica la sapienza. L'aspetto delle cose e delle persone, anche nel Nuovo Testamento, sono valori indifferenti per la mentalità ebraico-cristiana dei primi secoli.

Questo non vuol dire che il NT ignori la categoria della bellezza estetica: sono infatti annotate le bellezze dei gigli dei campi, dei semi della terra e dei frutti degli alberi; belle sono anche ritenute le azioni degli uomini. La bellezza è però sempre esaltata per il suo riferimento alla provvidenza di Dio. E comunque, anche nel Nuovo Testamento, manca qualsiasi accenno che introduca al concetto della bellezza di Dio.

Come la comunità ebraica, così anche i primi cristiani non erano interessati all'elaborazione delle nozioni estetiche. I loro interessi erano il problema della salvezza nella fede in Cristo figlio unigenito di Dio. Interesse che diventava anche criterio di giudizio sugli stessi valori dei fatti estetici e della bellezza. La quale, a volte, diventava non solo aspetto mondano da trascurare ma, in molti casi, anche da rifiutare, come nel significato della fallax gratia et vana pulchritudo dei Proverbi, XXI 30.

Se la bellezza era ammirevole anche per i cristiani, lo era per il riferimento alla fonte della sua provenienza, cioè a Dio. Le cose belle sono ammirate e descritte per il loro valore simbolico ed evocativo: manifestano l'Invisibile nel suo potere creativo, più che la bellezza del Creatore.

Come nell'Antico, anche nel Nuovo Testamento non regge il rapporto, che sarà invece valutato nel cristianesimo filosofico-teologico seguente, che connette la bellezza delle cose create con la bellezza del Dio creatore. Regge invece il rapporto tra l'atto creativo e la bellezza creata, come fra causa ed effetto, nel quale rapporto non consegue che ciò che è creato debba necessariamente essere contenuto nella causa che crea. Dio non è presente nelle cose create partecipative ma causative. Dio, cioè, non partecipa la sua bellezza alle cose, ma semplicemente la crea. Così come non consegue che l'artista che crea opere belle, debba partecipare alle sue opera la propria bellezza, che può anche non avere. Nelle opere belle più che la bellezza di Dio è evocata la sua divina presenza creatrice.

Dio come artista.

Dio come causa della bellezza, apre l'avvio ad un'altra affermazione estetica, che sarà poi della patristica e del medioevo: il fatto che la bellezza delle cose causate richiama il concetto di Dio come "artista": perciò il creato non si presenta solo come bellezza totale (= pankalìa), ma anche come "opera d'arte" di Dio.

S. Basilio (329-379) scrive: Noi camminiamo sulla terra come i visitatori di un laboratorio in cui lo scultore divino espone le sue opere meravigliose. Il Signore, creatore di queste meraviglie è l'artista e ci chiama a contemplarle [115].

Il concetto di Dio come sommo artista è veramente la prima nozione significativa con la quale il cristianesimo si introduce nella storia dell'estetica filosofica, anche se l'immagine proviene dalla rivelazione del Genesi, e cioè da fonte religiosa, ed era stata anticipata da scrittori non cristiani quali Cicerone e Plutarco.

E' tuttavia nella Patristica che si afferma la concezione della creazione come opera d'arte e di Dio come artista. E' il primo accostamento della categoria della bellezza alla nozione di arte, non concepita come teknè , semplice produzione, ma come creazione di cose belle. Non solo il creato è bello; esso è anche "opera d'arte" e Dio ne è l'artista.

Il nuovo concetto del creato come opera d'arte si impone anche con un'altra precisa novità. Mentre gli antichi, nel rapporto tra natura ed arte, ritenevano che l'arte dovesse imitare la natura, nella patristica cristiana il rapporto s'inverte: è l'opera bella della natura simile alla bellezza operata dall'arte. In tal senso la natura stessa diventava arte divina.

La natura non è soltanto creazione. E' anche opera d'arte, che, del Dio artista, ne rivela l'intenzione creatrice. Dio che è causa di tutto ciò che è bello , come afferma Clemente Alessandrino in Stromata 5, dice in sintesi come l'analogato principale del rapporto fra creazione e bellezza è l'atto causativo di Dio più che la di lui bellezza. E pertanto la bellezza non è solo nozione teologica, in quanto riverbera l'azione creatrice di Dio, ma è anche nozione teleologica, perchè è applicata alle cose belle che in sé evocano sia la volontà finalistica di Dio che la rispondenza delle cose stesse alla loro definizione.

Tuttavia nel contesto teologico e teleologico esaminato, continua ad essere assente l'idea della bellezza come proprietà essenziale di Dio.
La bellezza di Dio o Dio come bellezza è assente nei Padri del III e IV secolo. E' assente anche negli stessi Padri greci, meglio e più introdotti nella cultura estetico-filosofica del mondo ellenistico. Si intravedono però le premesse per rifondere in Dio il genere della bellezza che Egli crea nella natura. Vi è il preannuncio di una bellezza di cui in seguito vi sarà un'esaltata teorizzazione. Infatti è in tali bellezze che si preannunzia la "bellezza", come costitutivo di Dio.

La bellezza di Cristo, Uomo-Dio

Nella Patristica la questione della bellezza di Dio è spostata su quella della bellezza di Cristo, Verbo incarnato, perfetto uomo oltre che Dio.

La bellezza di Cristo non è enunciata nel testi sacri del nuovo Testamento. Eppure già il Salmo XLV 3, affermava del Cristo venturo: Tu sei il più bello fra i figli dell'uomo, sulle tue labbra è diffusa la grazia . Concetto che esprime in termini di bellezza estetica ciò che il Cantico dei Cantici dice in termini più ampiamente descrittivi ed in un contesto lirico-poetico.

Ma con le concesse possibilità ermeneutiche del passo salmodico inneggiante alla bellezza del più bello tra i figli degli uomini , le affermazioni dei primi cristiani sulla bellezza estetica attribuita a Cristo resteranno libere ed incerte.

Se Clemente Alessandrino riterrà che per la perfezione della natura umana Cristo non poteva essere che bello, altri non solo riterranno la categoria della bellezza in Cristo irrilevante, ma la diranno decisamente inesistente. Altri ancora non dubiteranno di attribuirgli finanche la bruttezza, ritenendo invece che l'unica e vera bellezza del Figlio di Dio non poteva essere che d'indole spirituale e morale.

Resta in favore della prima interpretazione, cioè della bellezza di Cristo-uomo-dio, il fatto incontestabile che, nelle iconografie orientali del Cristo, Egli è sempre rappresentato nella maestà della "bellezza". Ma anche nell'affermazione della bellezza del Cristo dell'iconografia, in realtà più che la bellezza estetica vengono celebrate la maestà, la sacralità, la spiritualità ed altre categorie di cui la bellezza estetica delle immagini era evocativa e simbolizzatrice. La bellezza che si attribuisce al Cristo ha finalità religiosa ed è di indole spirituale.

A prescindere tuttavia dalla verità sulla bellezza estetica dell'aspetto fisico ed umano del Cristo storico, non vi è dubbio che le possibili interpretazioni non modificano il giudizio sull'assenza di una speciale "bellezza di Dio" nell'antico Testamento.

La bellezza che si attribuisce a Cristo, Uomo-Dio, è quella che si attribuisce ad una persona che, nel suo essere di Uomo-Dio, si manifesta bellezza non nella natura di Dio, ma in quella della umanità di Cristo, uomo-Dio. La persona divina del Cristo non vi è dubbio che è appresa anche in una particolare bellezza estetica. Ma non vi è anche dubbio che l'apprensione della bellezza estetica che se ne ha è tutta nella configurazione della sua umanità, che è poi l'unica fonte di percezione che abbiamo del Cristo storico, creduto perfetto Dio e perfetto Uomo dalla fede.

Per ora è dato a noi di conoscere Dio, quasi in aenigmate, come in una allegoria. Ma non vi è dubbio che, nella visione beatifica di Dio, il godimento attingerà la massima possibilità concessa ad una intelligenza umana. Ma non sappiamo di quale indole sarà tale godimento.

Noi trattiamo, in questo contesto, della natura estetica della bellezza, perché non sappiamo se altra bellezza ci sia sperimentabile da una percezione umana. E' questa la ragione per la quale anche la bellezza di Dio è stata considerata nell'ipotesi di una sua consistenza reale o semplicemente metaforica. E pertanto continuiamo a ritenere che la bellezza di Dio, reale o metaforica che sia, resta fra le antinomie ancora insolute dell'estetica.

CONCLUSIONE

Il saggio che ci siamo proposto di esaminare, riguardano le "antinomie" che ancora si propongono nel campo dell'Estetica. Ma esaminando le principali antinomie, ci siamo anche chiesto perché esse siano ancora possibili, dopo più di due millenni di pensiero riflesso sull'estetica. Si tratta infatti di antinomie talmente importanti da mettere in questione la natura stessa della scienza dell'estetica e la sua definizione.

Siamo pervenuti alla convinzione che all'origine di tali antinomie vi è il rifiuto di tener fede alla definizione di quelli che sono i termini che costituiscono la stessa scienza dell'estetica: il Bello e l'Arte.

Benedetto Croce, notò molto bene lo stato delle cose quando scrisse che le definizioni di estetica, di arte e bellezza, saranno sempre vere quelle che sono generate dal sistema in cui sono pensate, e che vere lo saranno per il metro di giudizio che dal sistema stesso scaturisce[116]. Il che significa che le antinomie dell'estetica, che noi abbiamo esaminate, continueranno ad occupare il campo dei problemi insoluti, fino a quando l'estetica stessa non si libererà da quegli stessi sistemi che la pongono in soggezione, e non si procurerà uno statuto proprio, nel quale sia salvata la sua originaria definizione. Definizione che si legittima non nello statuto che le concedono le varie teorie, ma in quello che essa autonomamente si costruisce.

Gli ermeneuti del pensiero estetico di Hegel, che annuncia la "morte dell'arte", e quindi del bello a cui essa si connette, dibattono il senso preciso di quella morte annunziata, e cercano di dimostrare che di morte non si tratta, ma piuttosto di superamento di forme, in cui si prevede l'introduzione di nuovi generi e definizioni.

Qualunque sia il risultato di tale affannosa e preoccupata ermeneutica, sta di fatto che alle nuove teorie estetiche viene progressivamente meno l'interesse delle definizioni concettuali, mentre ci si attarda con compiacenza nel considerare l'arte nelle finalità del suo sorgere e nel suo evolversi, e nella considerazione del posto che ad essa compete nei sistemi che la riflettono.

"Per noi, scrive Hegel, il concetto del bello e dell'arte è un presupposto dato dal sistema della filosofia"[117].

Gravissima affermazione. Nella quale si vuole che non sia il concetto puro del bello e dell'arte che si costituisce autonomamente nel processo di astrazione delle cose belle, ma è il sistema che stabilisce cosa l'arte e il bello debbano essere.

Ma, se la filosofia viene negata come sistema, il risultato è che si giunge al punto di ignorare ancora cosa sia l'arte e cosa sia il bello, (e quindi cosa sia l'estetica)[118].

Una cosa è certa: all'estetica mai mancò l'autonomia per le condizioni imposte dalla filosofia metafisica. E' da Kant in poi che l'estetica ha avvertito il processo di privazione di un'autonomia che man mano i vari sistemi le sottraevano. Mai, da Kant in poi, l'estetica è stata tanto poco autonoma. Da Kant in poi, l'estetica ha certamente avuto una propria sistemazione. Ma l'essere stata sistemata, non è valso all'estetica la liberazione da una dorata prigionia dei sistemi in cui veniva pensata e teorizzata.

Prigionia che, per la provvidenza che è nelle cose stesse, non è stata tollerata dal mondo degli artisti. I quali mai hanno sottoposto al nihil obstat delle teorie estetiche le loro attitudini a creare le cose belle. Arbitrio delle teorie estetiche che hanno ignorato anche i fruitori delle cose belle. I quali restano immunizzati dagli influssi dalle teorie, proprio perché le ignorano o, se non le ignorano, sanno quanto poco peso hanno per regolare il gusto del bello.

Il destino dell'arte può anche non essere quello della sua morte nel senso del suo ritorno al nulla.[119] Ma è certo che il suo superamento, ritenuto necessario, equivale alla riduzione del suo valore nell'apparire della storia dello Spirito. Il valore dell'arte è nel significato storico che rappresenta e, comunque, nel valore transitorio che lo Spirito le concede nel suo dispiegarsi. L'arte hegeliana è mediazione che trapassa nell'atto stesso di mediare l'evoluzione storica dello Spirito. L'arte è necessaria, così come è necessaria ogni realtà che si porta a vivere nell'ambito della vita dello Spirito. Ma è una necessità che all'arte viene concessa, ma di cui essa non ha diritto originario. Tanto poco diritto e tanta poca autonomia, da essere compresa solo nella prospettiva del suo superamento.

Caduto il sistema della filosofia hegeliana, cade anche la sua estetica, che solo in quel sistema si originava e si spiegava. Il che significa quanto poco sostegno abbia avuto in Hegel l'autonomia dell'arte, così come niente risultò il sostegno ricevuto dalla critica del Giudizio in Kant.

E' per questo che la nostra critica si fa irritata verso tutta la pretesa del pensiero estetico contemporaneo, inteso a recriminare la mancata autonomia dell'arte nell'antichità o nel medioevo e ad affermarla invece come propria dei i nostri tempi.

Nei tempi a noi contemporanei non ci si può più affannare nel rincorrere i mille rivoli impazziti in cui si determinano le mancate definizioni dell'estetica, dell'arte e del bello. Meglio si comprende lo stato d'animo di chi, con più coerenza, ritiene che, per parlare di estetica, non è ormai più necessaria alcuna teoria, sia dell'arte che del bello; e che dell’estetica si può ancora ragionare senz’anche possederne i concetti. Infatti, in mancanza di esteti, abbiamo in sovrabbondanza i critici dell’arte, che trovano più consenso e maggiore credito..

Ma poiché una critica autorevole non è possibile, se manca un criterio che quella critica conforti, ai critici d’arte si sostituiscono gli intenditori, che ovviamente non hanno necessità di accreditarsi, se non con il consenso che ricevono dalla pubblica opinione.

Lo stato attuale è dunque che si parla di estetica senza che si faccia riferimento ad alcuna teoria dell’estetica. A parlarne restano gli storici dell’estetica. La quale diventa inevitabilmente, storia delle “estetiche” negate come tali, o meglio, storia della “filosofia dell’arte”, misconosciuta anch’essa. Il che significa assistere alla veglia del morto, durante la quale i presenti si attardano a snocciolare le virtù del defunto che hanno seppellito.

Il compito di tessere il discorso funebre dell’arte, che ovviamente non sarà un elogio, è assunto da Theodor W. Adorno: “E’ ormai ovvio che niente più di ciò che concerne l’arte è ovvio né nell’arte stessa né nel suo rapporto col tutto; ovvio non è più nemmeno il suo diritto all’esistenza”[120].

Lo stesso Adorno riconoscerà che l’autonomia l’arte l’ha sempre avuta fin dalle origini. E’ invece ora che essa comincia a rivelare un momento di cecità. Anzi: E’ incerto se l’arte in generale sia ancora possibile; è incerto se essa, dopo la sua completa emancipazione, non si sia tagliata alle spalle i propri presupposti e non li abbia perduti

.

Il pericolo dell’estetica perciò non è solo nella sua autonomia compromessa dai sistemi in cui è considerata. In effetti, l’autonomia l’arte la porta nel suo costitutivo e non abbisogna di domandarla ad alcuni o di difenderla da nessuno. Il vero pericolo è che l’arte non sa più quali categorie assumere per potersi definire. Infatti se prima l’arte, in sé e nel suo concetto, la si è creduta non autonoma e dipendente, ora invece, da quegli stessi che hanno creduto di renderla autonoma, è stata talmente ed arbitrariamente mortificata da sottrarla ad ogni sua possibile definizione. E pertanto, insieme al pericolo di perdere autonomia, essa avverte i sintomi della cecità, nel senso che ha coscienza di perdere progressivamente la possibilità di orientarsi e determinarsi. E ciò proprio perché le viene negata la possibilità di una definizione, nella quale sapere cosa essa sia.

Adorno dirà con indiscussa persuasione: Il concetto di arte si colloca in una costellazione di momenti che muta storicamente: esso si chiude alla definizione.

L'essenza dell'arte non è certo deducibile dalla sua origine, come se il primo momento fosse una base su cui tutto ciò che seguì poggiò, per crollare non appena scossa quella .

Giusta posizione e giusta proposizione, ma che comunque verrà sempre letta nella prospettiva in cui ci si colloca.

Se l'arte si chiude ad ogni possibile definizione, l'estetica non può che ridursi alla sua storia, e alla storia che vede evolvere la sua definizione fino ad esautorarla del suo compito. Il che significa, se è vero che le singole arti si formano sconsiderando la definizione dell'arte in generale, che a nessuno è più lecito parlarne, proprio perché si parlerebbe di ciò che non si sa e di cui non c'è speranza di saperne.

Quando si afferma che, in base al principio dell'impossibilità di una definizione generale dell'arte, l'arte muta qualitativamente e perciò varie cose, per esempio produzioni legate al culto, si trasformano, mediante la storia, nell'arte che non erano; varie altre che erano arte non lo sono più , nella presupposizione che comunque un concetto di arte si abbia, non si fa teoria ma ideologia.

Vero è che le opere delle origini non siano necessariamente le migliori e tipiche, e che da esse si possa desumere una migliore definizione generale dell'arte. E' infatti indubitabile che, ritenere che la verità dell'arte sta sempre nel risultato del suo processo, vuol dire che non è mai possibile sistemare definitamente il suo concetto. Ma può anche voler dire che l'arte stessa ha la possibilità di sottrarsi definitivamente al processo che le fanno altri che la teorizzano.

Si pensi la cosa come si vuole, è indubitabile ciò che proviene dall'esperienza storica dei fatti estetici: ciò che di bello si è prodotto nelle opere umane è ciò che da sempre si è ritenuto arte; e che, se anche cose ritenute una volta arte oggi non le si ritiene più o che quelle ritenute una volte non arte, oggi le si ritiene arte, ciò avviene sempre in riferimento alla definizione dell'arte che permane nella sua essenza. Che fu, è e rimane "produzione di ciò che è bello".

Che cosa poi sia bello, non vi è dubbio, se è una ragione non deviata a doverlo definire. Il Bello resta che è "ciò che piace nella sua apprensione".

Il che significa ritornare a ciò che dell'arte e del bello si intese sin dall'origine, quando Socrate presentò l'istanza che del bello si dovesse avere il concetto per non continuare a parlare senza costrutto; e quando Aristotele ritenne che si dovesse ritenere bello, non ciò che piace perché utile, ma ciò che dispone alla contemplazione dilettevole.

Non ignari di quanto cammino i concetti dell'arte e della bellezza hanno fatto insieme, fino al tempo in cui i vaneggiamenti di alcune teorie estetiche li hanno separati, a noi piace partire dalla certezza dalla quale parte la comune opinione di quanti ancora si dilettano a fruire di quelle opere belle. Le quali, malgrado le evoluzioni delle teorie, restano artistiche perché sono produzioni che piacciono. Questo ci è possibile sostenere non senza ragioni. Infatti la ragione umana ha ragioni per convincere se stessa di ogni arbitrio, ma non ha ragioni convenienti per sostenere che debba essere costretta a girovagare come nomade vagante, senza mai arrestarsi e senza la speranza di pervenire ad un approdo sicuro.

La sofistica, che ha mille modi di essere e reincarnarsi, non fu solo quella omologata all'inizio del pensiero riflesso. E' un atteggiamento permanente che non è da ritenersi come un residuo del passato remoto. Essa si ripropone ogni qual volta si pensa che la verità non abbia consistenza

E' per questo che noi, anche in estetica, siamo fedeli al realismo della prima metafisica, lì dove è data fiducia alla ragione, che è capace di portare ragioni, e ha strumenti per disincantarsi dal pessimismo degli agnostici e dalle furbizie del sofisma.

La definizione di cosa l'arte sia è sempre prefigurata da ciò che una volta l'arte era, ma si legittima solo in base a ciò che l'arte è divenuta, aperta verso ciò che essa vuole (o forse può) diventare.

L'affermazione è ancora di Adorno. Ed è un'affermazione che ci trova consenzienti, ma nel senso in cui noi la interpretiamo. E cioè, che l'arte che è divenuta, resta la stessa di quella che era; che la sua legittimazione non è un titolo che le si possa concedere per attestazione da parte di altri. La sua legittimazione le proviene solo dal titolo del proprio merito. E pertanto la nostra persuasione è che quando per la prima volta l'arte la si dichiarò tale, cioè produzione di cosa dilettevole, lo si fece perché la si ritenne definita quale "produzione di bellezza", mentre la bellezza stessa la si ritenne definita in "ciò che piace".

Il fatto che nel corso dei secoli si siano differenziate le varie teorie dell'arte, a volte anche reciprocamente negandosi, appartiene al destino di tutte le definizioni, quando sono sottomesse alle teorie. Quelle correnti di pensiero e di espressioni d'arte che, come il dadaismo ed il surrealismo, finiranno per negare che la stessa arte debba necessariamente riferirsi al bello, esse stesse si smentiranno, facendoci ritenere che ciò che sostengono, sono necessitate a sostenerlo per una avversione ideologica. E se nella loro produzione d'arte negheranno la necessità che l'arte si definisca in relazione alla bellezza, in effetti nelle loro opere non eluderanno mai la volontà di produrre cose che piacciono. Così che il piacere della bellezza, estromesso dalla porta, lo fanno rientrare dalla finestra.

E' la riproposta di quella inconscia ipocrisia culturale che emerge ogni qual volta si crede che, per affermare il nuovo, si debba negare il vecchio; o di quella umana gelosia che emerge in chi teme che la lode dell'assente ridondi come biasimo del presente.

INDICE DEI NOMI

I N D I C E

NOTE

[1] Cfr. G. VATTIMO e P. A. ROVATTI, a cura di... Il Pensiero debole, Ed. Feltrinelli, Milano 1995.

[2] "Pensiero debole è stato definito il pensiero post-moderno a noi contemporaneo, che avendo rifiutato il pensiero "forte" della metafisica concernente i valori della conoscenza e la certezza dei principi morali, resta anche debole nello sforzo di fondare altre verità e principi.

Il pensiero debole si può dire che nasce sul presupposto radicalmente antimetafisico del pensiero di Heidegger, il quale addebita all'oggettivismo metafisico l'esito nichilista della nostra civiltà tecnico-scientifica. Il pensiero debole non è dunque un "debole pensiero ", ma un modo debole di fare esperienza della verità, non come di un aggetto di cui ci si appropria e che si trasmette, ma come orizzonte entro il quale, discretamente, ci si muove . GIANNI VATTIMO, La fine della modernità, Ed. Garzanti, Milano 1985, p. 13.

[3] Cfr. A cura di M. DONA', Sulla verità, Ed. Il Poligrafo, Padova 1998.

[4] Cfr. W. TATARKIEWICZ, Storia di sei Idee, Aesthetica, Palermo i993, pp. 69-76.

[5] Cfr. ARISTOTELE, Meth. A, 2, 982b 20.

[6] ARISTOTELE, o. c., 17, 19.

[7] G. P. CARRATELLI, Platone, tutte le sue opere, commento all'Ippia I, Ed. Sansoni, Firenze 1988, p. 798.

[8] N. ABBAGNANO, Dizionario di Filosofia, UTET, Torino 1964, p.141.

[9] Cfr. KARL ROSENKRANZ, Estetica del brutto, Ed. Olivares, a cura di Oma Calabrese, Milano 1994.

[10] Cfr. DAVID HUME, Saggi di estetica, o.c.

[11] DINO FORMAGGIO, Problemi di estetica, Ed. Aesthetica, Palermo 1991, p. 212.

[12] Cfr. R. BODEI, Le forme del bello, Il Mulino, Bologna 1995.

[13] W. TATARKIEWICZ, o.c., p. 176.

[14] MARIO LONGO, Presentazione in AA.VV., Le ragioni del bello, a cura di Mario Longo, Gregoriana Libreria Editrice, Contributi al XXXVIII Convegno per ricercatori universitari di discipline filosofiche, Padova 13-15 sett. 1993.

[15] W. TATARKIEWICZ, o.c., p. 174.

[16] FRANCO VOLPI, Il nichilismo, Ed. Laterza, Bari 1996, p. 4.

[17] T. W. ADORNO, Teoria estetica, tr. it., Einaudi, Torino 1977, 4.

[18] PINDARO, Nemea VI , vv.20-27.

[19] Cfr. W. TATARKIEWICZ, Storia dell'estetica, vol. I, Piccola Biblioteca Einaudi, Torino 79, pp. 141-165.

[20]W. TATARHIEWICZ, o.c. ,p. 142.

[21] Cfr. PLATONE, Ione 533 E.

[22] Cfr. PLATONE, Cratilo.

[23] PLATONE, Ippia I, XIII.

[24] G. REALE, La Metafisica di Aristotele, vol. II, Ed. Goffredo, Napoli, p. 363

[25] F. COPLESTON, Storia della filosofia, vol. I, Ed. Paideia, Brescia 1967, p.14.

[26] PLATONE, Simposio, XXIX, 211-213.

[27] Cfr. ARISTOTELE, Metafisica, A 6, 987b.

[28] W. COPLESTON, o.c. p.245.

[29] PLATONE, Repubblica, L. VI, XIX, 509b.

[30] ARISTOTELE, Metafisica, 988a 10-11.

[31] ARISTOTELE, o.c. 1091b13-15.

[32] Cfr. PLATONE, Parmenide, VI, 134-135.

[33] Cfr. PLATONE, Fedro, XXI, 350d, 6-8.

[34] PLATONE, Filebo, XL, 64, 6-7.

[35] " " XXXI, 51.

[36] " " XXXIX, 64.

[37] Cfr. E. BIGNAMI, La Poetica di Aristotele e il carattere dell'arte presso gli antichi, Ed. Gaffichelli, Torino 1961.
Cfr. G. MORPURGO TAGLIABUE, Linguistica e statistica in Aristotele, Ed. Atena, Roma 1967.

[38] ARISTOTELE, Metafisica, M 5 1080a.

[39] ARISTOTELE, Etica Nicomachea, Vi 3-4 .

[40] ARISTOTELE, Poetica 1451b 5-8.
Si sa che questo concetto di Aristotele, secondo il quale la poesia sarebbe più filosofica e più importante della storia, è stato molto criticato dal Croce, specialmente per il fatto che Aristotele riteneva che gli enunciati della poesia avrebbero a che fare con gli universali, contrariamente a quelli della storia che sarebbero di valore particolare. Cfr. B: CROCE, Estetica, o.c., p.210-211.

[41] Ibidem.

[42] ARISTOTELE, Problemi 896b 10-28.

[43] " , Metafisica, M 3 1078b.

[44] DOMENICO PESCE, Commento alla "Poetica" di Aristotele, Ed. Rusconi , Milano 19 91, p. 88.

[45] ARISTOTELE, Poetica 7, 1450b 29.

[46]ARISTOTELE, Poetica, 15, 1454a 15-19.

[47] D. PESCE, o.c. , p. 88.

[48] MARCO VITRUVIO, De Architectura, vol. I.

[49] ARISTOTELE, Poetica, 1, 1447a 8-12.

[50] ARISTOTELE, Poetica, 4, 1448b 4-20.

[51] ARISTOTELE, Metafisica, I, 1, 981a 5ss.

[52] Cfr.WLADYSLAW TATARKIEWICZ, Storia di sei Idee, VI, "Il Bello, la disputa tra oggettivismo e oggettivismo", o.c., pp. 229-249.

[53] Nota è la posizione di Benedetto Croce, il quale scrisse a proposito: E' stato parecchie volte oggetto di controversia se l'Estetica sia da considerare scienza antica o moderna; venuta al mondo la prima volta nel secolo decimottavo o formatasi già nel mondo greco-romano. Questione, com'è facile intendere, che non è solo di fatti ma di criteri: risolverla in un modo o in un altro dipende dal concetto che si ha di questa scienza, e che si adopera poi come misura e termine di paragone . Egli così concludeva: Onde, dovendo noi qui ,prendere partito nella controversia se l'Estetica sia scienza antica o moderna, non potremmo non metterci tra coloro che ne affermano la modernità Estetica, Ed. Adelphi, Milano 1990, pp. 193-195. Cfr. GIANNIU VATTIMO, Estetica moderna, "Introduzione", Ed. Il Mulino, Milano 1977.

[54] EPICARMO, Frammenti, 5.

[55] SENOFANE, Frammenti, "Dileggi", 15.

[56] W. TATARKIEWICZ, Storia dell'estetica,, vol. I, "L'estetica antica", Ed. P. B . Einaudi, Torino 1979, p. 186.

[57]TOMMASO D'AQUINO, Summa theologiae, I-II, q. 27, a. 1, ad 3m.

[58] PLATONE, Simposio, XXIX, 211-112.

[59] ALBERTO MAGNO, Super Dionysium de divinis nominibus IV, 72, "Opera omnia", XXXVII/1, p. 182.

[60] Cfr. S. AGOSTINO, Ordine, Musica, Bellezza, Ed. Rusconi, Milano 1982. pp. 271-299.

[61] S. AGOSTINO, De vera religione, cap. IV. n. 77.

[62]S. AGOSTINO, De div. quaest. , p. 78

[63]Cfr. S. TOMMASO, Testi fondamentali: I, q. 39, a.8r - II-II, q. 145, a. 2r ad 1m. - I-II, q. 27, a 1, ad 3m. - De Veritate, q. 22, a.1, ad 12m. - I-II, q. 49, a.4 ad 2m. - I-II, q.110, a. 2 – I-II, q.54, a.1r - I-II, q. 49, a. 1r - I-II, q.49, a. 2r - I-II, q. 50, a. 1r. Cfr. S. TOMMASO, In librum D. Dionysii De Divinis Nominibus, C. II, 1, U. 255. Buona Ed. è quella della Marietti , Torino 1950, a cura di C. Pera. Cfr. M. GERMINARIO, La "pulchritudo" di Dionigi Areopagita nel commento di Tommaso d'Aquino , in Rivista Internazionale di Filofosia 'AQUINAS', Gennaio - Aprile 95. U: ECO, Il problema estetico di Tommaso d'Aquino, Ed. Bompiani, Milano 1987

[64]Cfr, DE MUNNYNCK, L'esthétique de St. Thomas, in AA.VV., VITA E PENSIERO , Milano 1923.

[65]Insieme al De Munninck, negano la trascendentalità del bello: J. GREDT, Elementa philosoèhioae aristotelico-tomisticae, Friburgo, 1929, t. II, p. 28 REMER e GENY, Summa philosophiae scolasticae, Roma 1928, t. III, L. II, e.3. MERCIER, Mètaphisique gènèrale on ontologie. DE WOLF, Art et bèautè, Lovanio 1943, p. 217.

[66] I "trascendentali", che per Aristotele si riducevano all'unum, divenuti poi unum-res-aliquid-verum- bonum nel periodo della Scolastica si ridussero all' unum-verum-bonum. Sono proprietà generali dell'essere. Il termine 'trascendentale' significa che va al di là delle categorie, che invece sono nell'ordine degli accidenti propri della sostanza (= qualità. quantità, relazione, luogo, sito ecc.). I trascendentali sono coestensivi all'essere sostanza cui si riferiscono: sunt idem, distinguntur ratione.

[67] Cfr. U. ECO, Arte e bellezza nell'estetica medievale, cap. 3: 'Il bello come trascendentalità', Ed. Bompiani, Milano 1994.

[68] Cfr. J. GREDT, Elementa philosophiae aristotelicthomisticae Friburgen Brisgau 1929, t.II, p.28. REMER-GENY, Summa philosophiae scolasticae, Roam 1928, t. III, L. II. MERCIER, Mètaphisique gènèrale-ontologie,, DE WULF, Art et Beautè, Lovanio 1943, p. 217.

[69] Cfr. J. MARITAIN, Arte e Scolastica, Ed. Morcelliana,Brescia1980. J. B. LOTZ, Aestethica philosophica seu Ontologiam et metaphisica puilchris et artis, Ed. P.U.G. Roma 1964. MARIO GERMINARIO, La trascendentalità del "bello" -Maritain e Lotz in "Aquinas", Rivista Internazionale di Filosofia, P.U. Lateranense, Roma, Gennaio-Aprile 1996.

[70] DIONIGI AREOPAGITA, I Nomi Divini, IV, 1, 693B.

[71] DIONIGI AREOPAGITA, o.c., IV, 7, 701C 135.

[72] TOMMASO D'AQUINO, o.c., C, IC, 1, V, 337.

[73] In questo è in perfetta sintonia con Plotino, il quale affermava, In che cosa consisterebbe il bello infatti, privato dell'essere bello? Una mancanza del bello è anche una mancanza dell'essere .

[74] TOMMASO D'AQUINO, I-II, q. 27, a. 1, ad 3m.

[75] "I, q. 5, a. 4 ad 1m.

[76] T.W. ADORNO, Teoria estetica, a.c. di G. Adorno, R. Tiedemann, trad. it. di E. De Angelis, Einaudi, Torino 1977.

[77] J. MARITAIN, Arte e Scolastica, Morcelliana, Brescia 1980, p. 130, nota 66.

[78] Cfr. J. GREDT, Elementa philosophiae Aristotelico-Thomisticae,
vol. II 643, p. 28, Herder 1956. REMER-GENY, Summa philosophiae scolasticae, Roma 1928, III, L. II; c.3.

[79] Cfr. DIONIGI AREOPAGITA, I Nomi Divini, Cap. IV, n. 7, in "Tutte le opere" Ed. Rusconi, Milano 1981, p. 301.

[80] TOMMASO D'AQUINO, I-II, q. 50, a. 1.

[81] Cfr. ARISTOTELE, Fisica, VII, 3.1, 346 a-b.

[82] ARISTOTELE, Praedicamenta, VI, XII 5, 1038a 9.

[83] TOMMASO D'AQUINO, I-II, q. 50, a. 1.

[84] G. F. W. HEGEL, Introduzione alla "Estetica", tr.it., Ed.Guerini Studio, Milano 1996, p. 67.

[85] Per i sofisti bello è ciò che piace alla vista e all'udito. Cfr. PLATONE, Ippia I, 298 Per TOMMASO D'AQUINO bello è ciò che piace nella sua stessa apprensione. Cfr. Summa Theologiae,I-II, q. 27, a.1 ad 3m.

[87] Cfr. PLATONE, Ippia I.

[88] Cfr. ARISTOTELE, Poetica,, 1447a.

[89] DOMENICO PESCE, Saggio introduttivo alla Poetica di Aristotele, Ed. Rusconi, Milano 195, p.14. Cfr. HANS GEORG GADAMER, L'attualità del bello, "Arte e imitazione", Ed. Marietti. Genova 1986, pp. 88- 100

[90] E. KANT, Critica del Giudizio, Sez. I, L. II, § 42.

[91] Cfr. F. SCHELLING, Le arti figurative e la natura, tr. it., Ed. Aesthetica, Palermo 1989.

[92] W. ADORNO, o.c., p. 105.

[93] Ivi, p. 105.

[94] F. HEGEL, Introduzione alla Estetica, tr. It., Ed. Guerini Studio, Milano 1996, p. 42.

[95] SERGIO GIVONE, Storia dell'estetica, Ed. Laterza, Bari 1994, p.44.

[96] G. W. F. HEGEL, Estetica, Parte I, 157.tr. it. Di N. Nerker eN. Vaccaro, Ed. Einaudi, Torino 1967, p.

[97] Ibidem, p. 72.

[98] BENEDETTO CROCE, Estetica, Ed. Adephi, Milano 1990, p. 121.

[99] Cfr. SCHILLER, Briefe, III, 99.

[100] BENEDETTO CROCE, Estetica, o.c. p. 209.

[101] TOMMASO D'AQUINO, Summa theologiae, 1-2, q. 27,1 , 3m. Pulchrum autem dicatur id cuius apprehensio placet .

[102] TOMMASO D'AQUINO, o.c., 1a, q. 5, 4, 1m Pulchrum autem respicit vim cognoscitivam: pulchra enim dicuntur quae visa placent .

[103] PLATONE, Simposio, XXIX, 211-212.

[104] PLATONE, Ippia I, IX.

[105] Circa la nozione di realtà separate delle idee, conf. GIOVANNI REALE, La metafisica di Aristotele, vol. II, Ed. Goffredo, Napoli, p. 363.

[106] Cfr. F: COPLESTON, Storia della Filosofia, vol. I, p. 214, Ed. Paideia, Brescia, 1967.

[107] ARISTOTELE, Etica Nicomachea, 1218 a 24.

[108] F. COPLESTON, o.c., p. 249.

[109] PLATONE, Timeo, 30 b 6 - c I.

[110] PLATONE, Timeo, 29 V.

[111] Cfr. E. DE BRUYNE, Esthetique paienne, esthetique chretienne in "Revue internationale de philosophie", 31, 1955, pp. 130-144; Q. CATAUDELLA, Estetica cristiana, nel volume collettivo "Momenti e problemi di storia dell'estetica", vol. I, Milano 1959.

[112] Cfr. BASILIO, Homilia in Hexaemeron V 33c (Patrologia greca, vol XXIX, c. 80).

[113] Cfr. DIONIGI AREOPAGITA, De divinis nominibus, IV 7, (Patrologia Graeca, vol. III, c. 701).

[114] Ebrei della scuola di Alessandria del III secolo, che tradussero in lingua freca il Libro dell'antico Testamento.

[115] BASILIO, Homilia in Hexaemeron IV 33c (Patrologia Graeca, vol. XXIX, c 80.

[116] Cfr. BENEDETTO CROCE, Estetica, II Storia, " Le idee estetiche dell'antichità greco-romana", Ed. Adelphi, Milano 1990, p.193 ss.

[117] HEGEL, Introduzione all' "estetica", tr. it. dal testo originale Einleitung in die Asthetik, Ed. Guerini Studio, Milano 1996, p. 67.

[118] Cfr. MASSIMO MODICA, Che cosa è l'estetica, Editori Riuniti, Roma 1987.

[119] Cfr. UMBERTO ECO, La definizione dell'arte, "Due ipotesi sulla morte dell'arte", Ed. Mursia, Milano 1985, p.259 ss. Cfr. DINO FORMAGGIO, L'idea di artisticità , Ceschina Ed. Milano 1962.

[120] THEODOR W. ADORNO, Teoria estetica, P. B. Einaudi, Torino 1977, p.3.

Printed by Books on Demand GmbH, Norderstedt / Germany